TRIDOKU SUDOKU

100 PUZZELS
VAN MAKKELIJK TOT MOEILIJK
NR. 46
INCL. UITLEG EN OPLOSSINGEN

ISBN: 9789464809725
AUTEUR: Sudoku Puzzelboeken

UITLEG TRIDOKU PUZZEL

Een tridoku puzzel is een variant op de welbekende sudoku puzzel. Een tridoku puzzel heeft echter een driehoekige vorm en is opgebouwd uit negen driehoeken, herkenbaar aan vetgedrukte zijkanten. Deze negen driehoeken bestaan elk weer uit negen cellen. In elk van de cellen moet, net als bij sudoku, een cijfer van 1 t/m 9 komen te staan. De grote Tridoku vorm heeft grijze cellen aan elke buitenzijde. Ook aan de binnenzijde bevindt zich een grijs gearceerde driehoek. Dit houdt verband met de spelregels.

<u>Spelregels:</u>

- Twee cellen die elkaar raken, mogen niet hetzelfde nummer bevatten. Elke cel kan tot 12 andere cellen raken!
- Elke driehoek van 9x9 bevat de cijfers 1 t/m 9 slechts eenmaal. Zie afbeelding 1.
- Elk zijde van de grote driehoek bevat het cijfer 1 t/m 9 slechts eenmaal. Zie afbeelding 2.
- Elke zijde van de grijze driehoek in het midden bevat het cijfer 1 t/m 9 slechts eenmaal. Zie afbeelding 3.

AFBEELDING 1

AFBEELDING 2

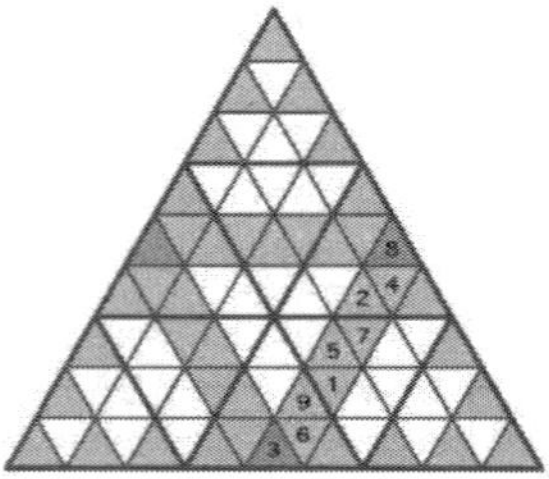

AFBEELDING 3

<u>Spelniveau's:</u>

Tridoku 1 t/m 40: MAKKELIJK
Tridoku 41 t/m 80: MEDIUM
Tridoku 81 t/m 100: MOEILIJK

#1

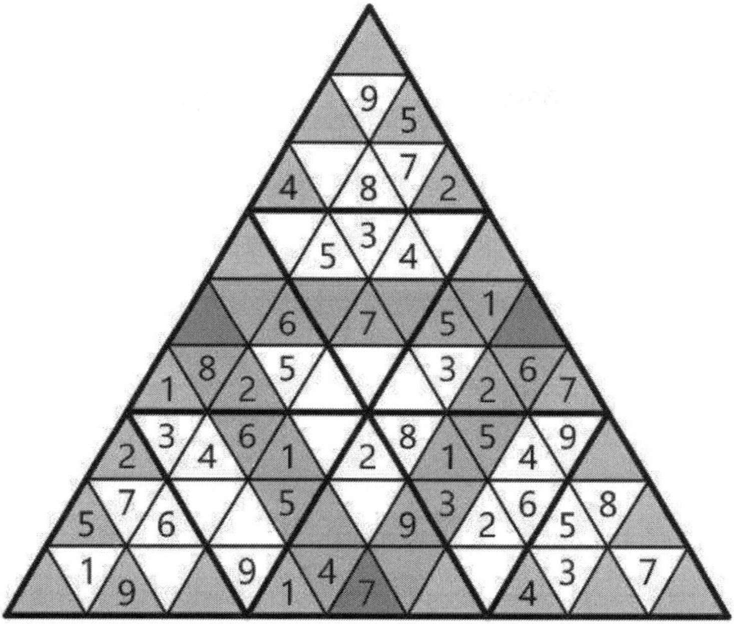

#2

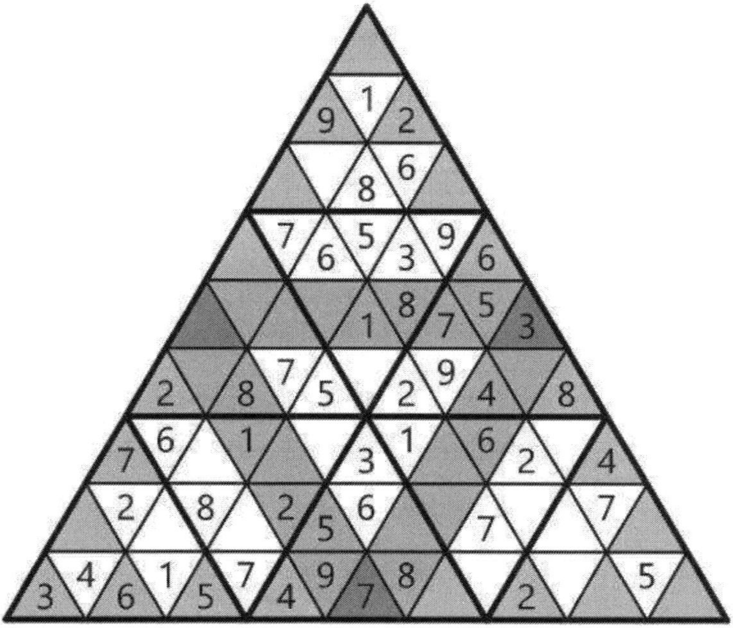

#3

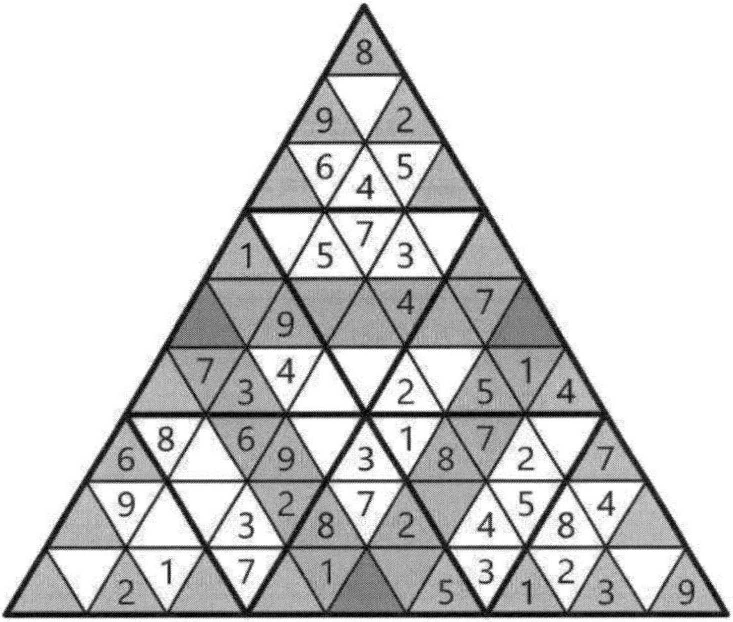

#4

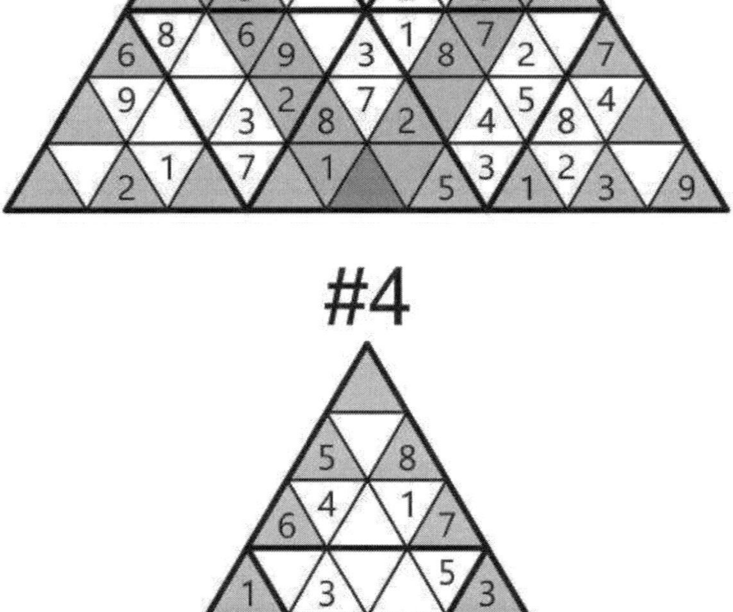

#5

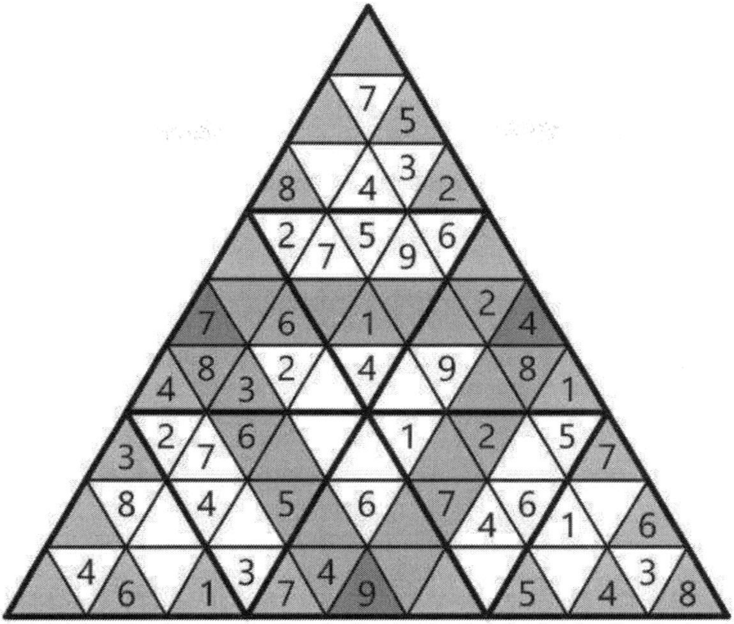

#6

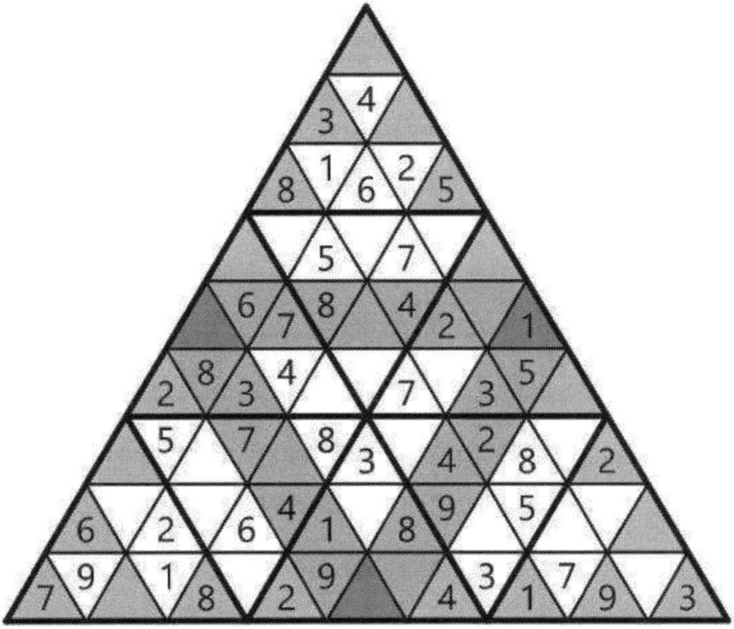

#7

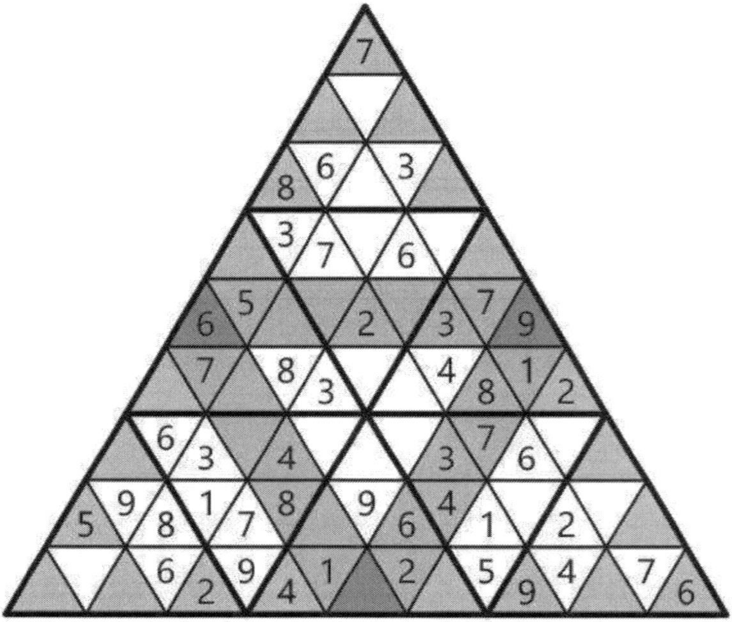

#8

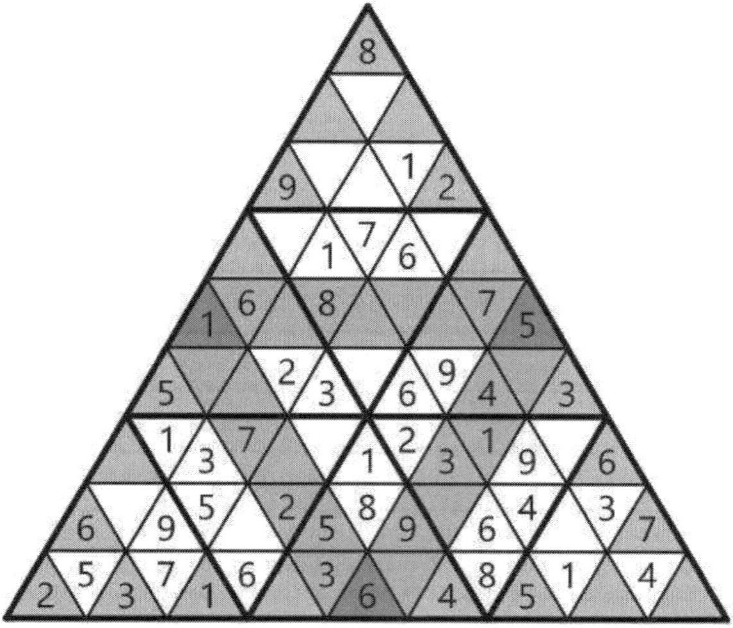

#9

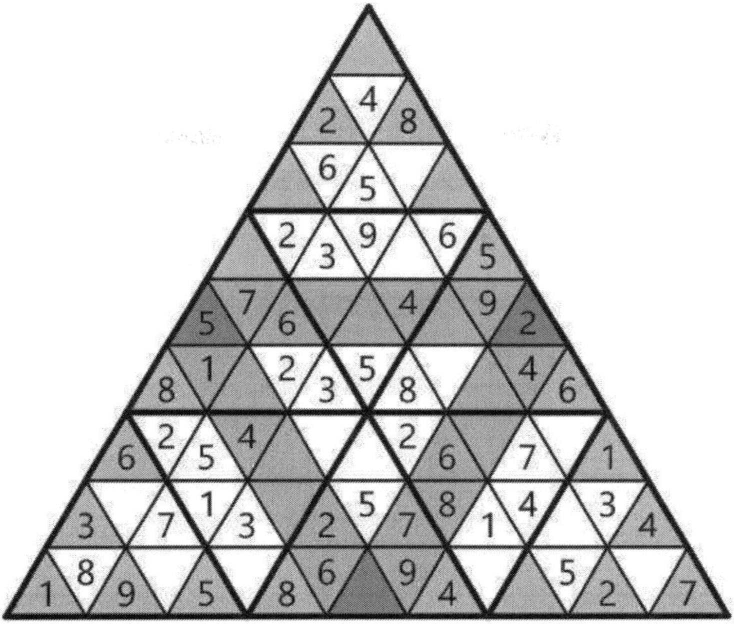

#10

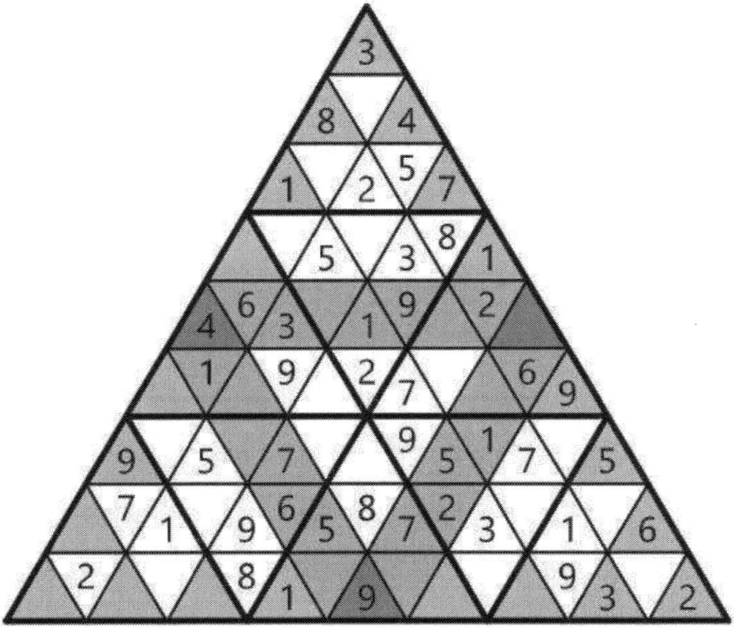

#11

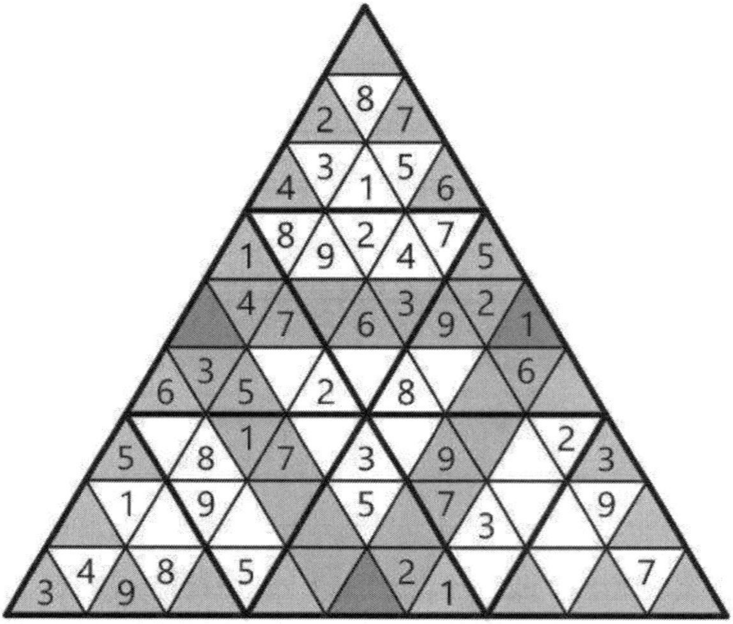

#12

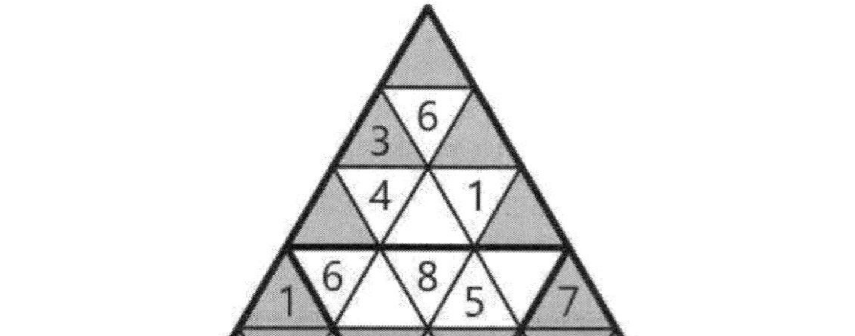

#13

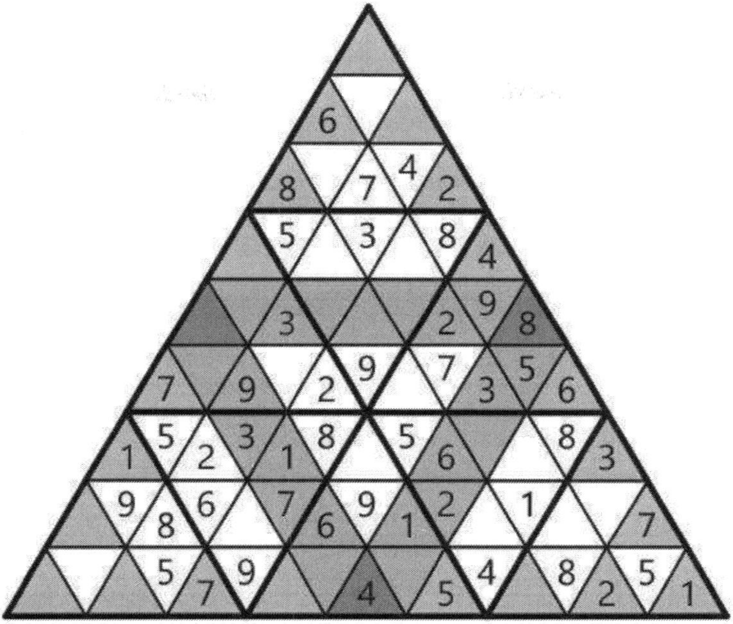

#14

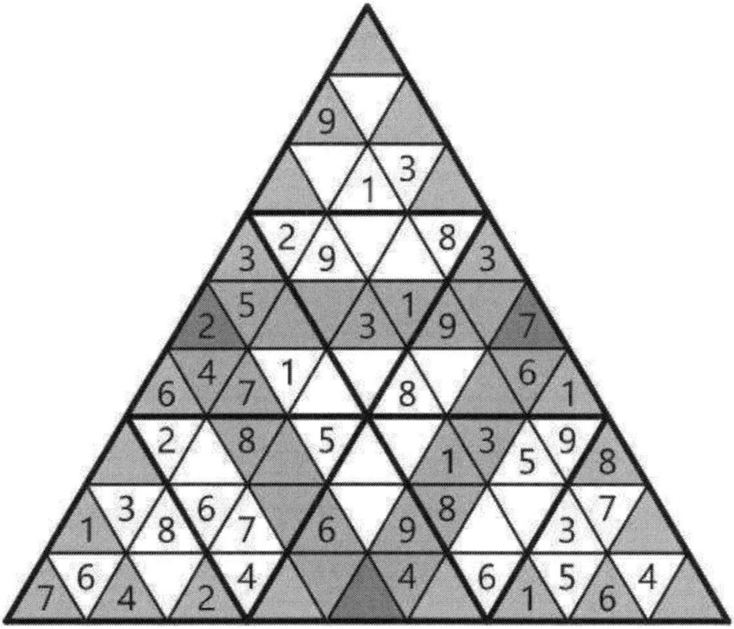

#15

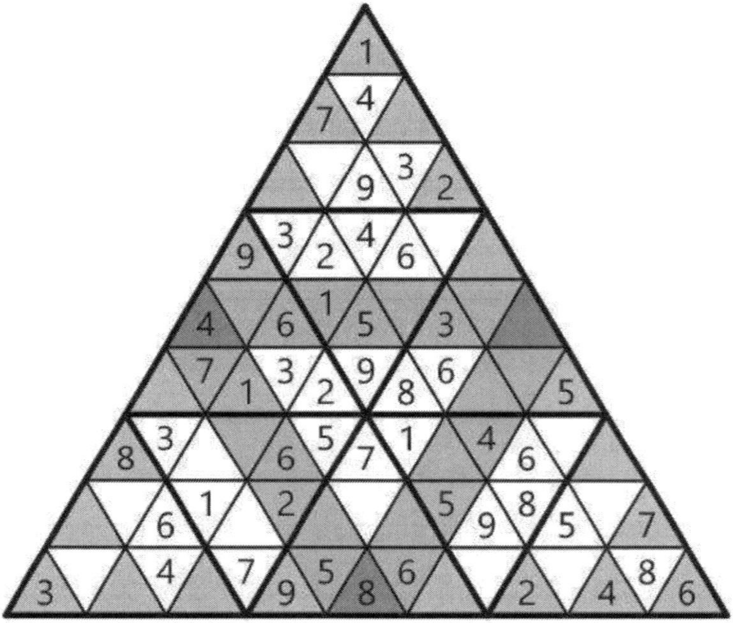

#16

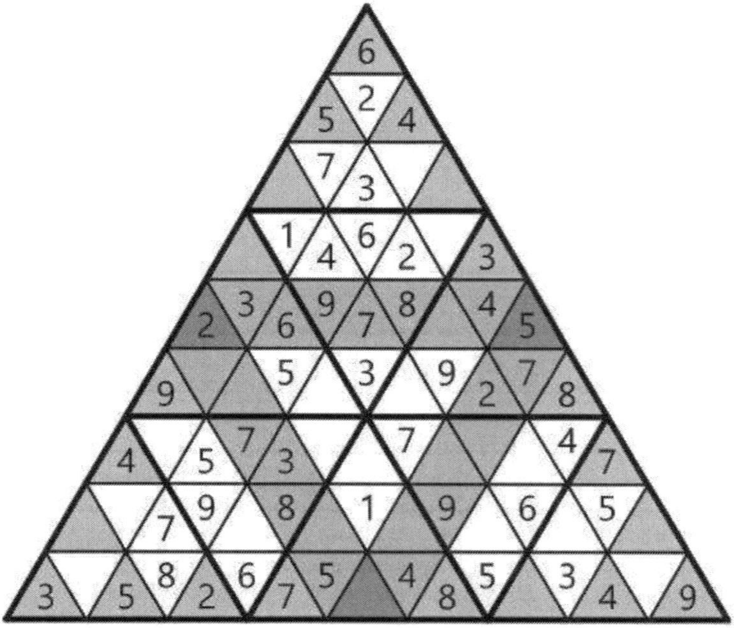

#17

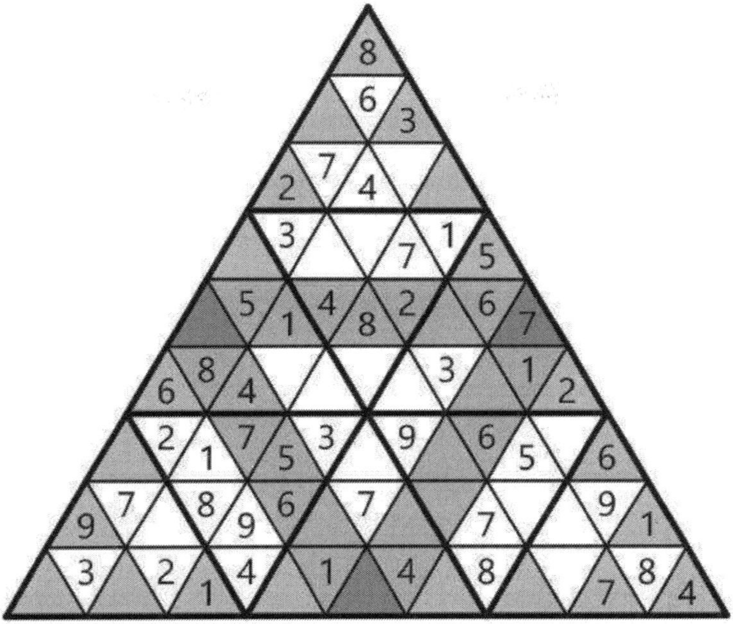

#18

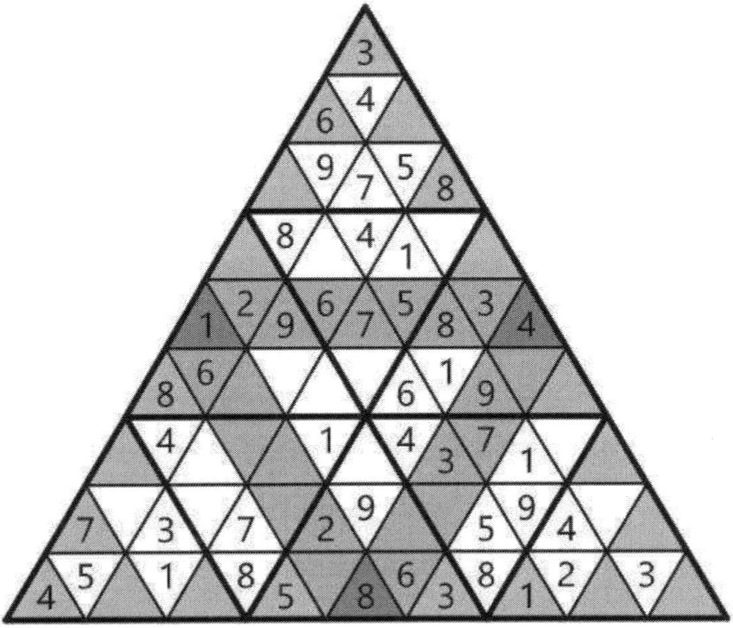

#19

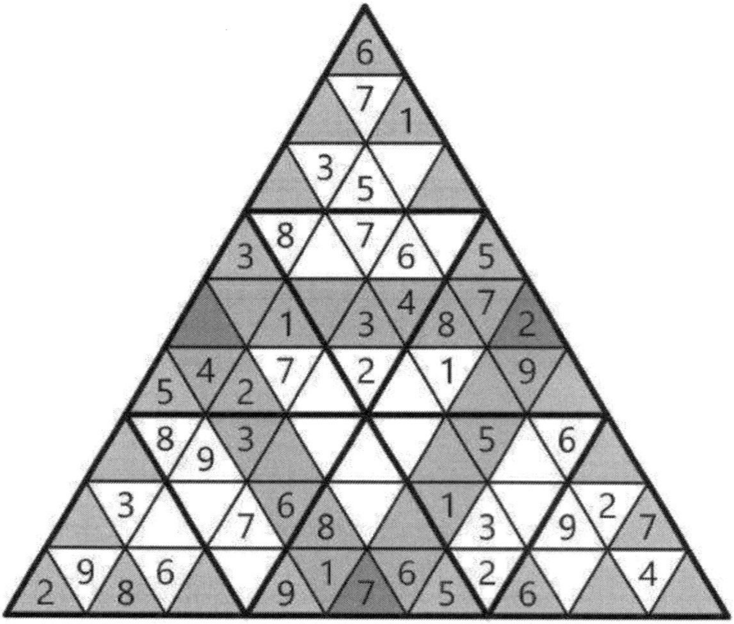

#20

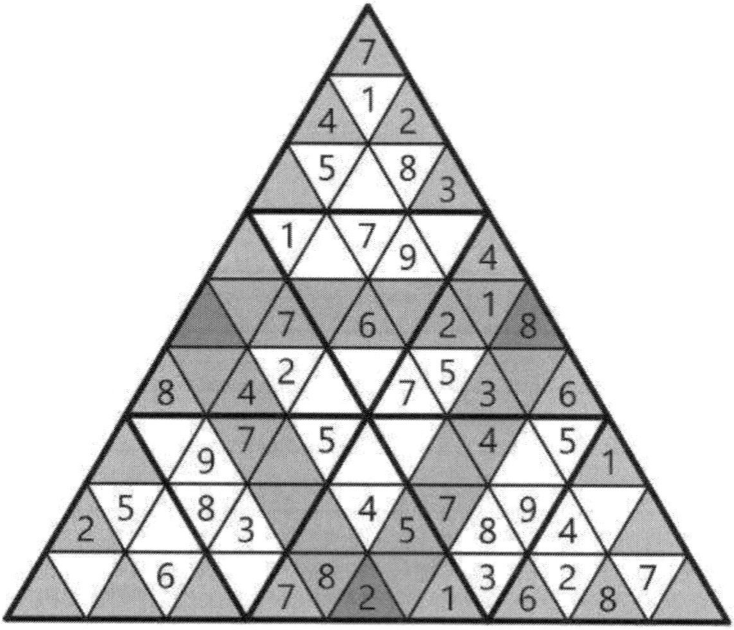

#21

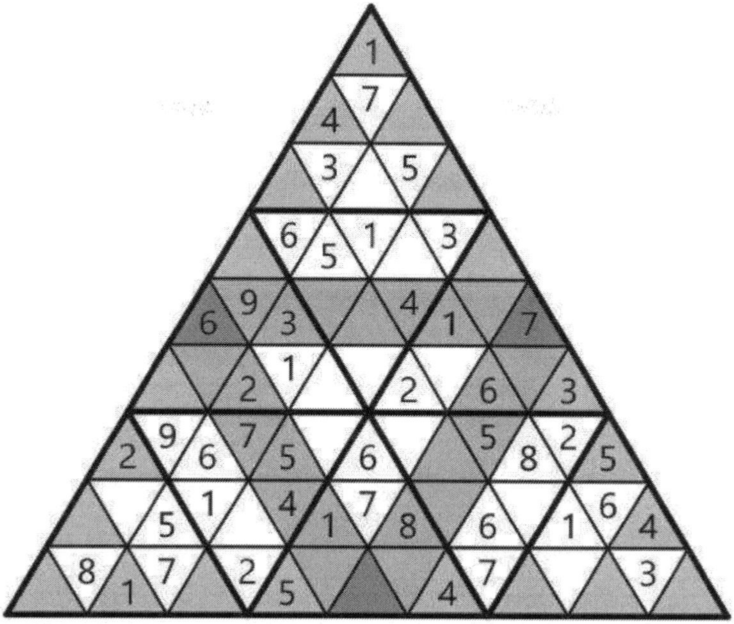

#22

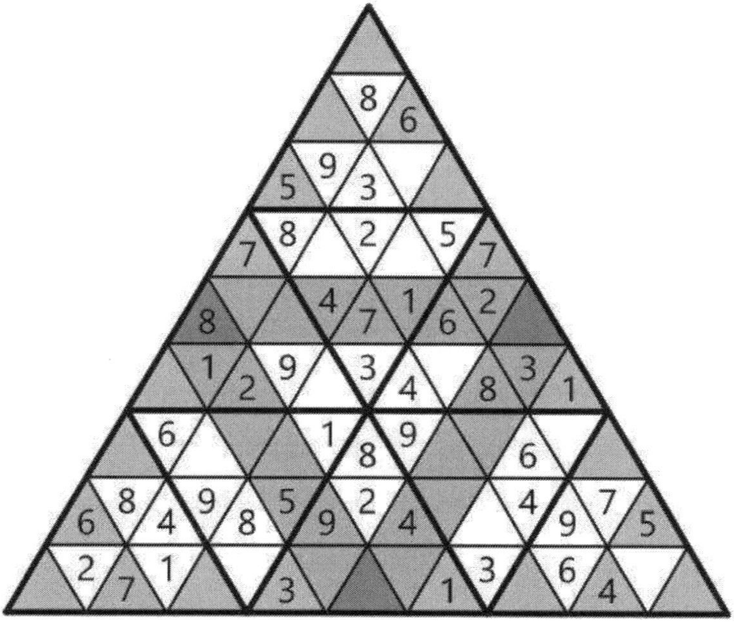

#23

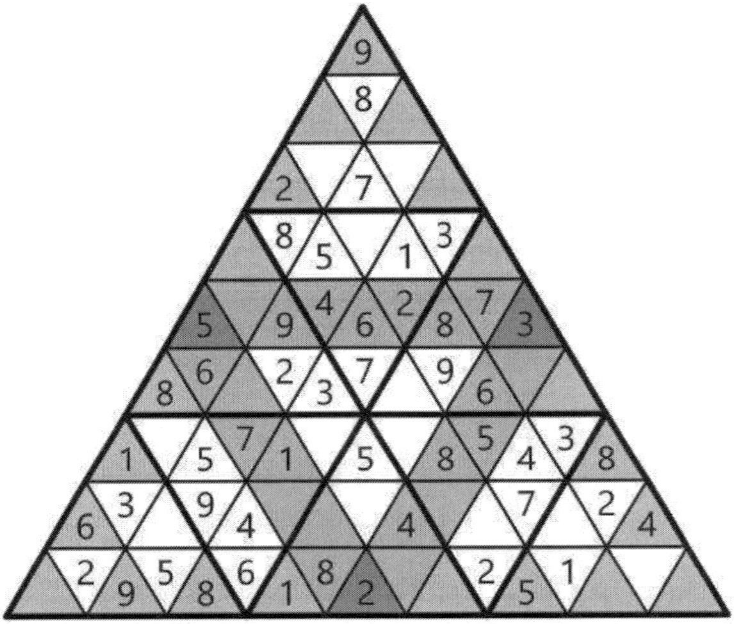

#24

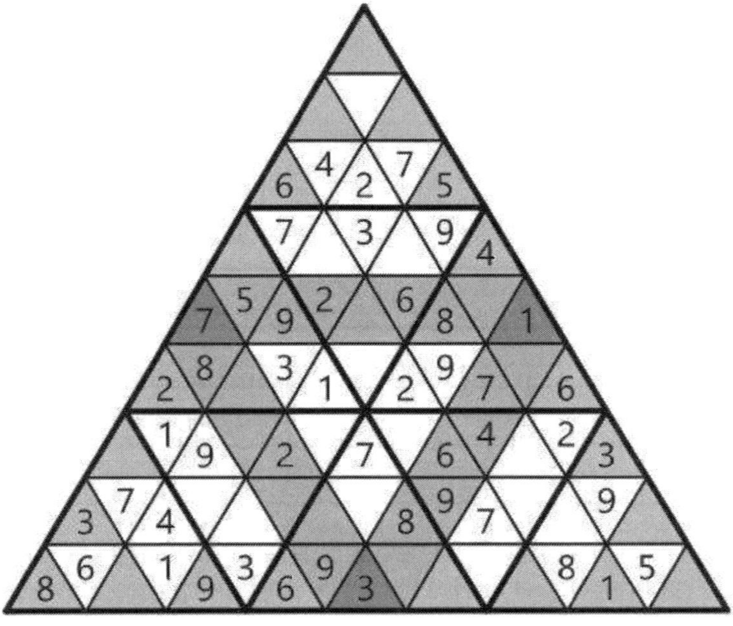

#25

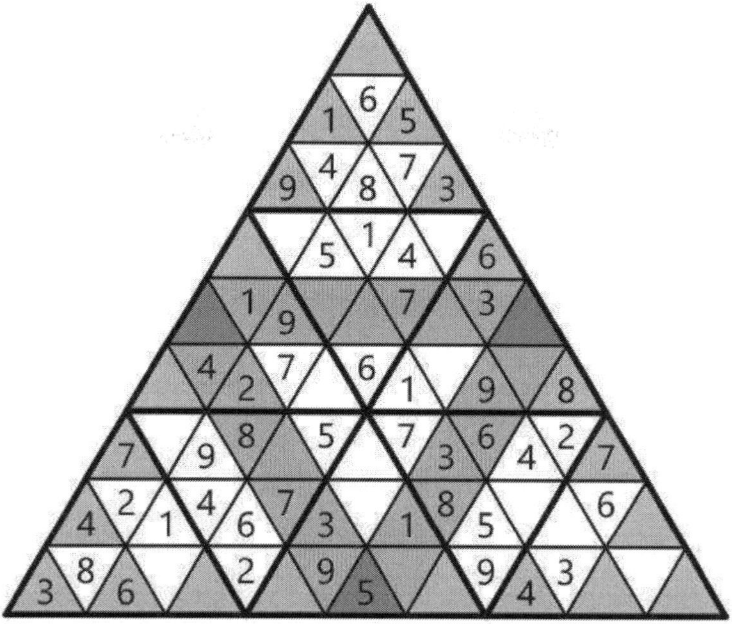

#26

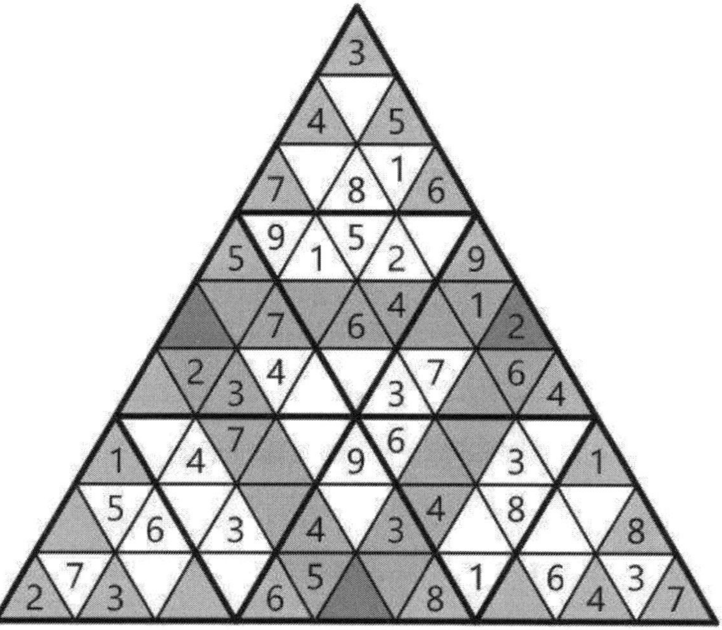

#27

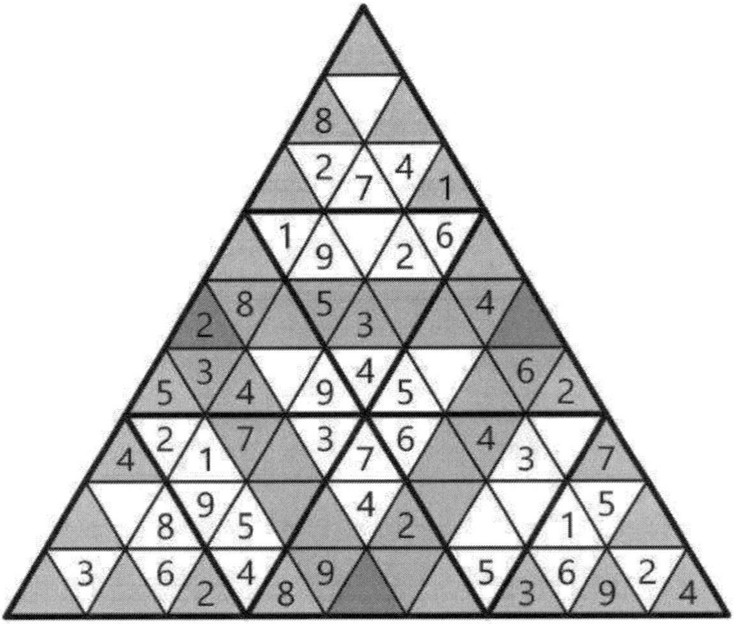

#28

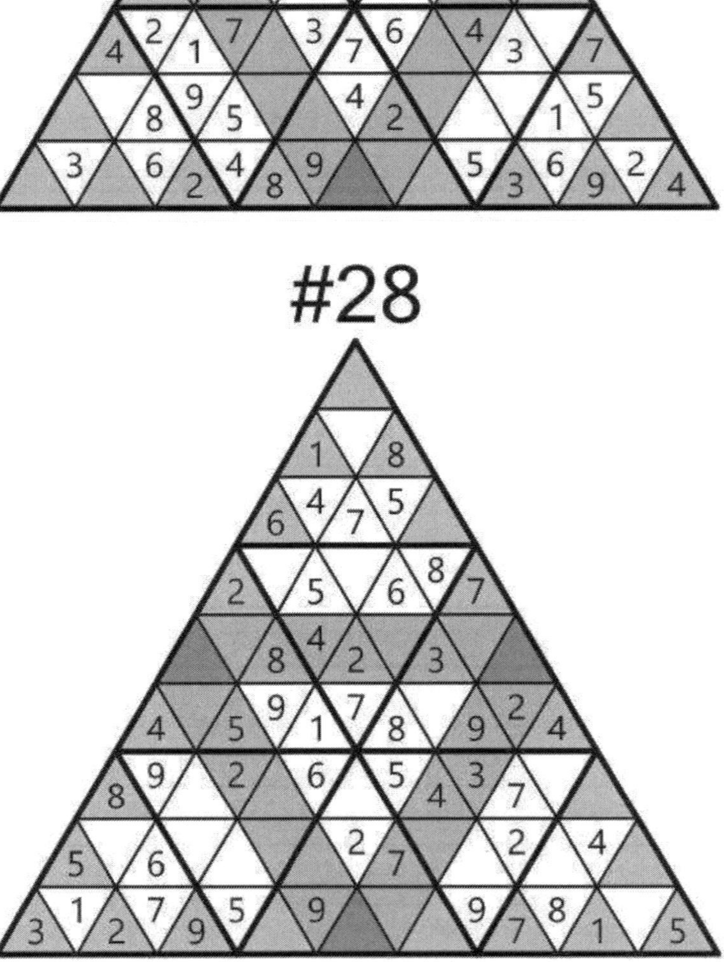

#29

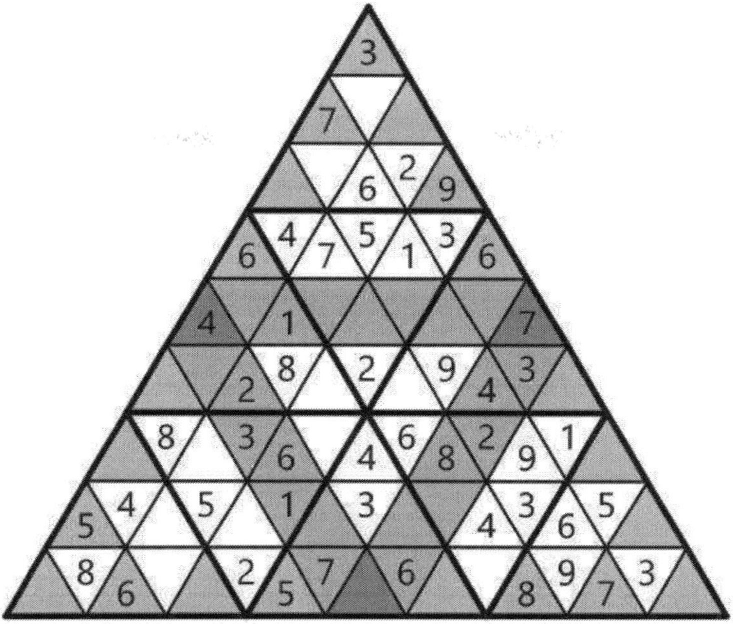

#30

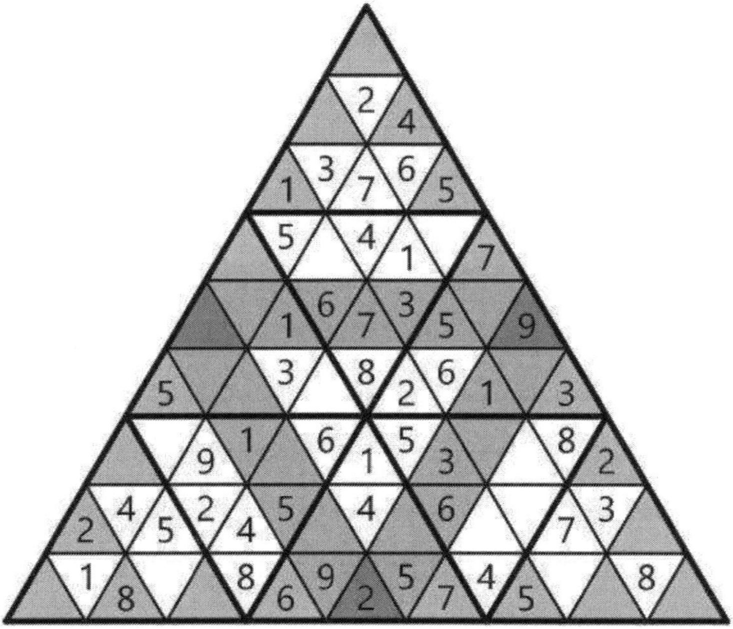

#31

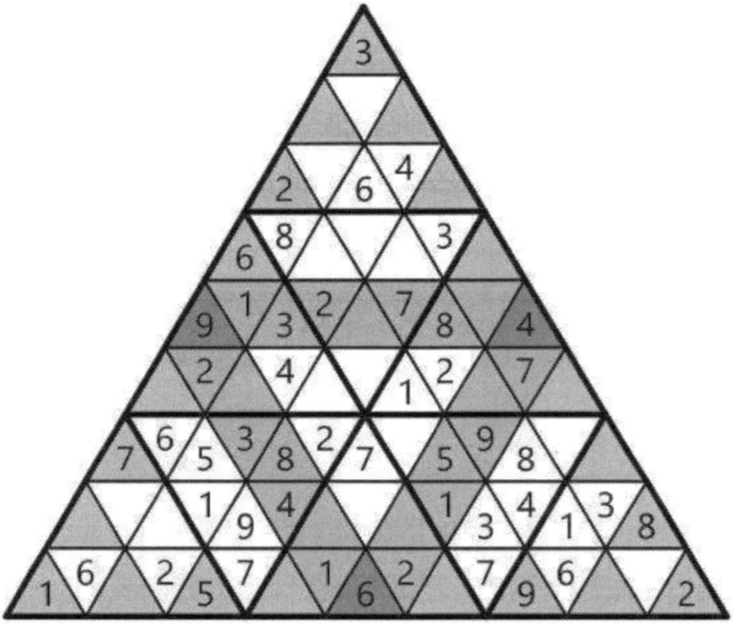

#32

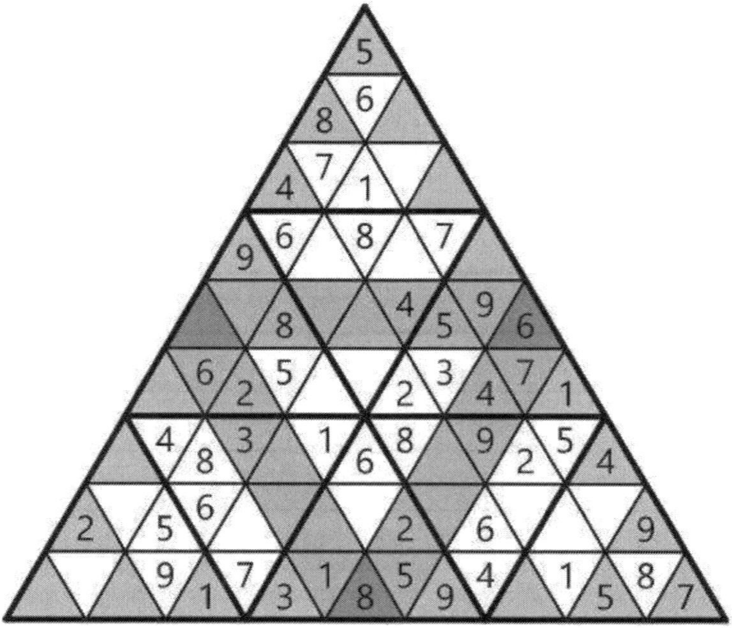

#33

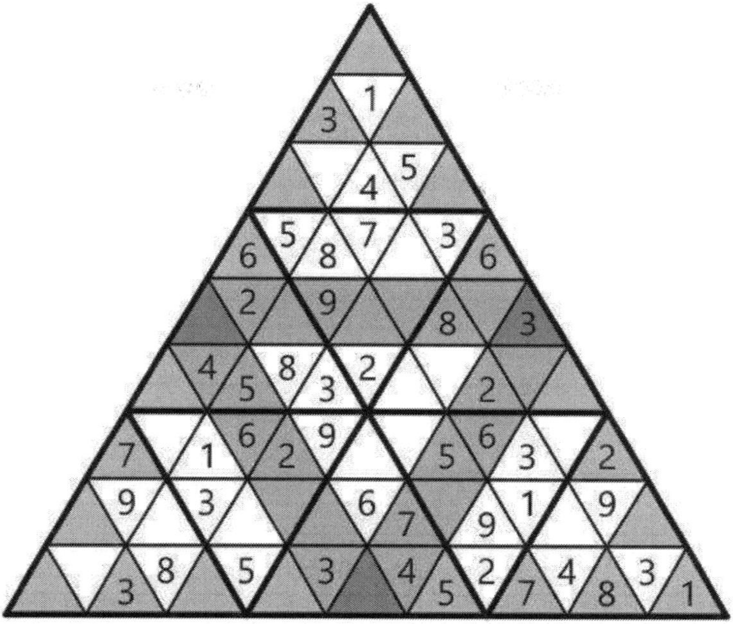

#34

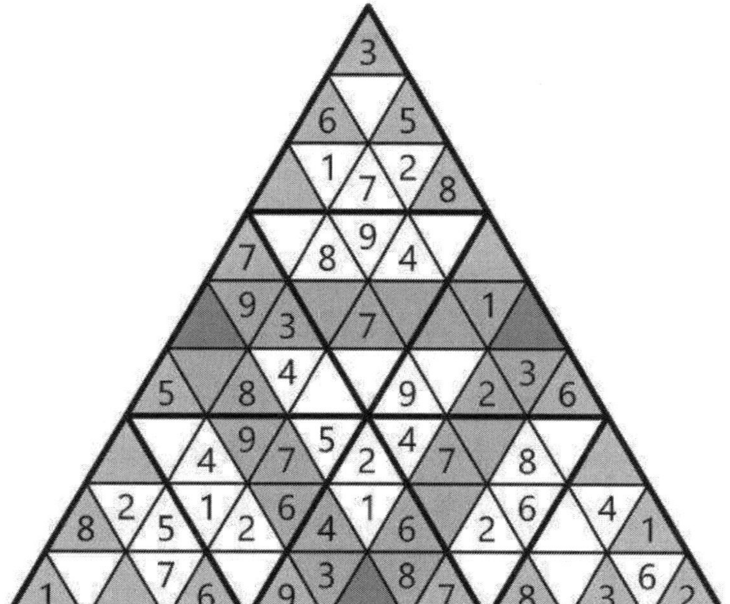

#35

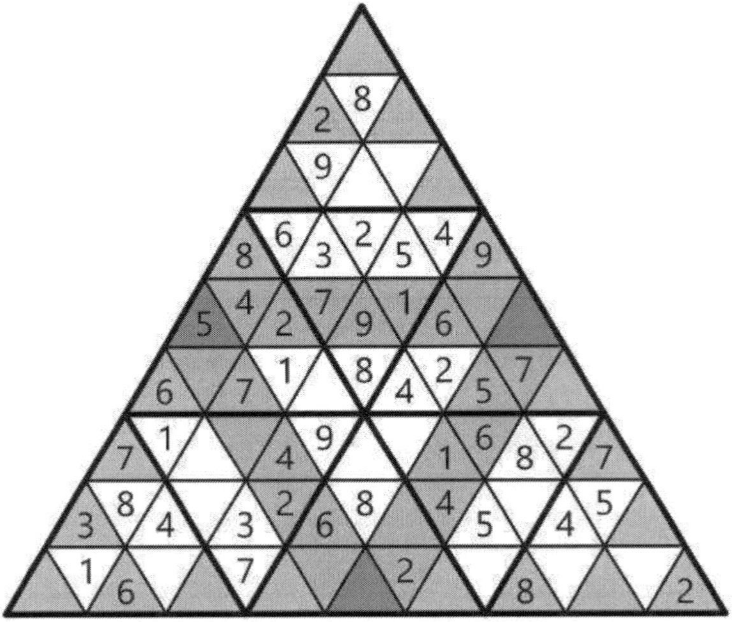
2 8
9
8 6 3 2 5 4 9
5 4 2 7 9 1 6
6 7 1 8 4 2 5 7
7 1 4 9 1 6 8 2 7
3 8 4 3 2 6 8 4 5 4 5
1 6 7 2 8 2

#36

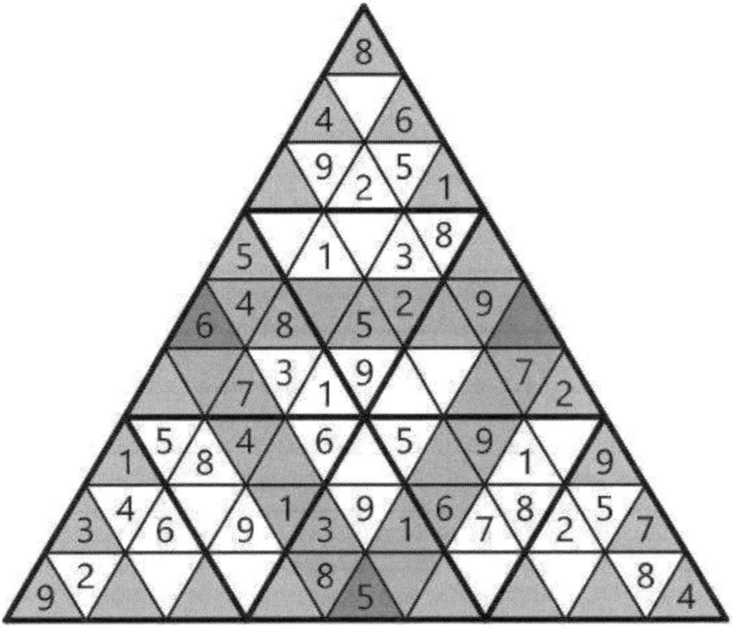
8
4 6
9 2 5 1
5 1 3 8
6 4 8 5 2 9
7 3 1 9 7 2
1 5 8 4 6 5 9 1 9
3 4 6 9 1 3 9 1 6 7 8 2 5 7
9 2 8 5 8 4

#37

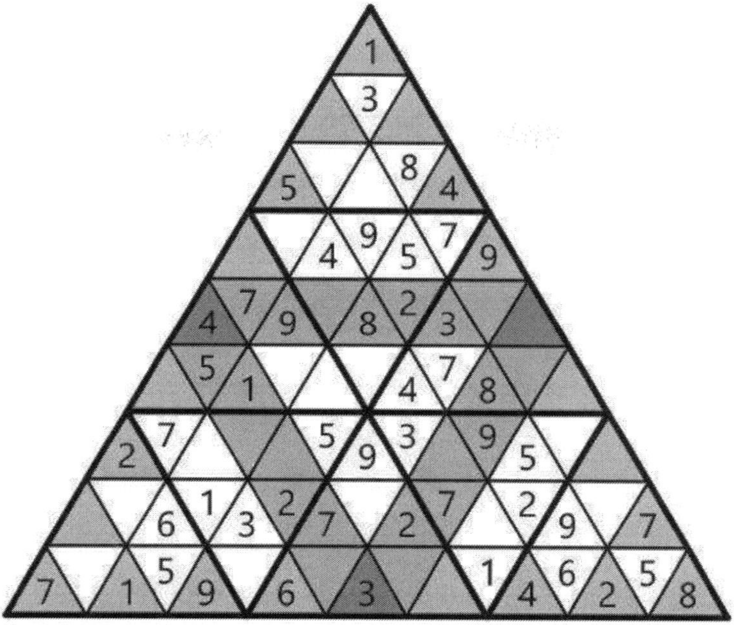

#38

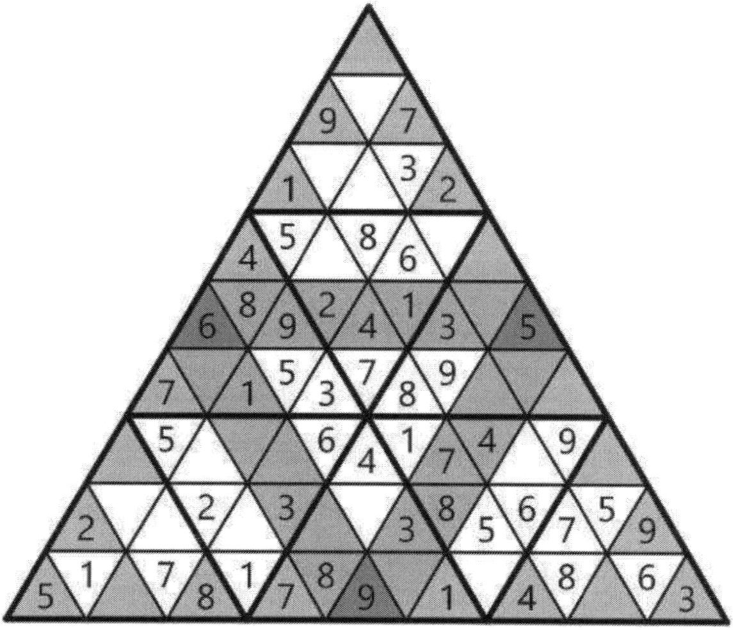

#39

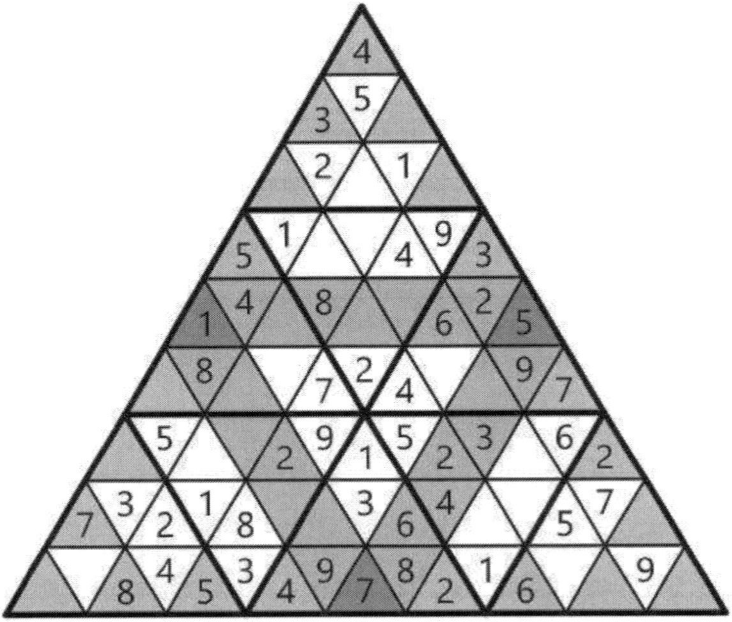

#40

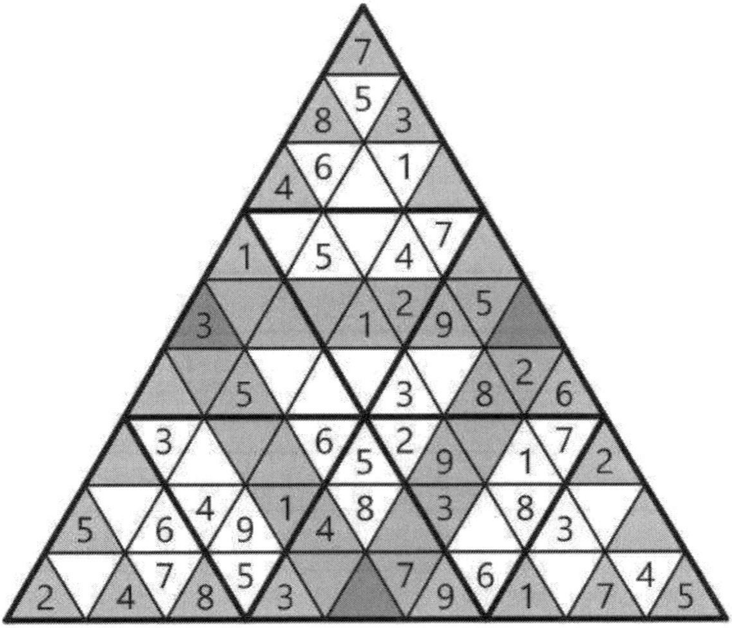

#41

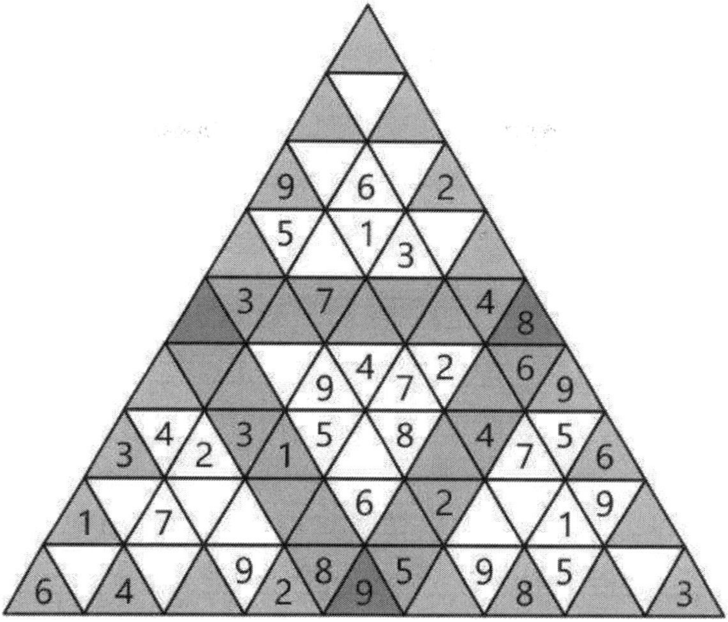

#42

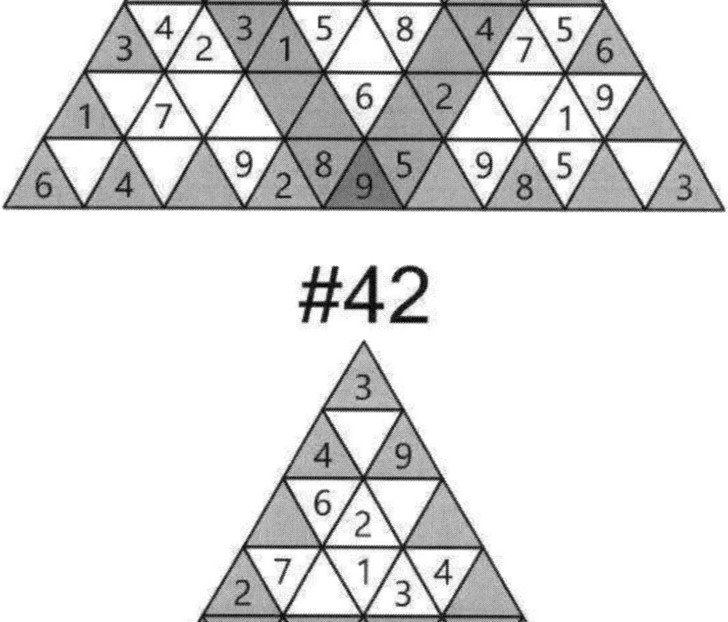

#43

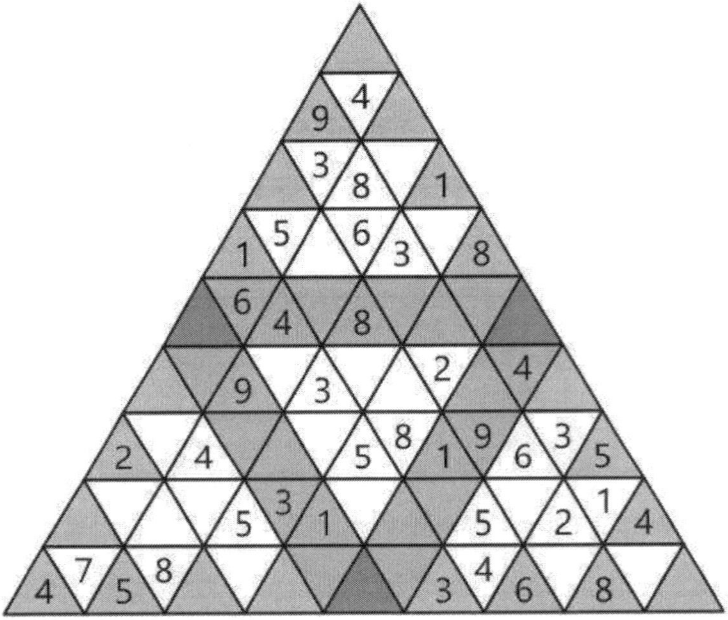
4
9
3
8
1
5
6
1
3
8
6
4
8
9
3
2
4
2
4
5
8
1
9
6
3
5
5
3
1
5
2
1
4
4
7
5
8
3
4
6
8

#44

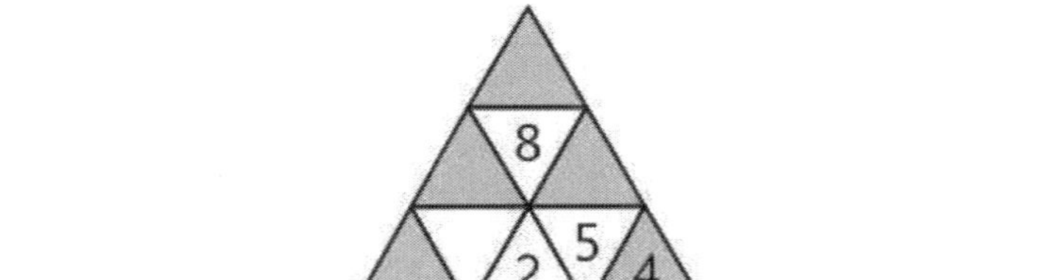
8
2
5
4
5
7
4
1
8
9
8
9
6
1
1
9
2
7
5
3
4
6
7
5
3
2
1
9
5
8
2
1
4
4
2
3
9
4
6
9
3
8
7
5
1
6
2

#45

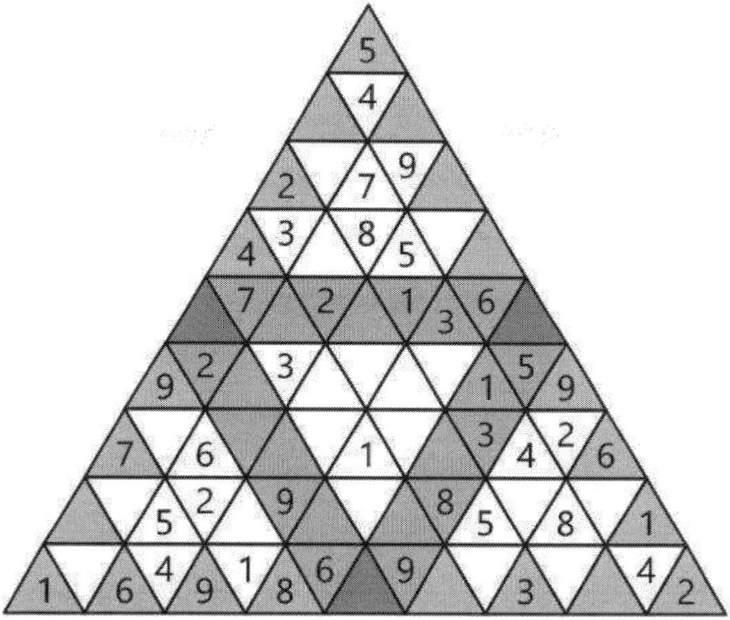

#46

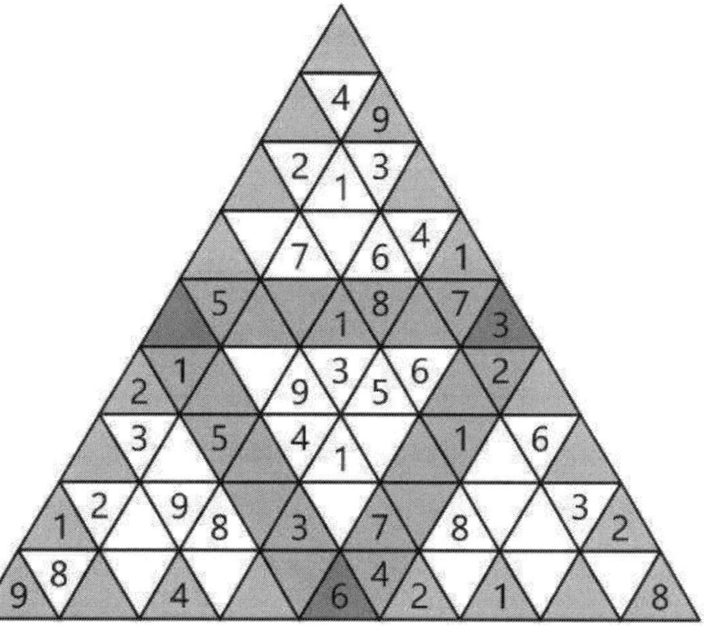

#47

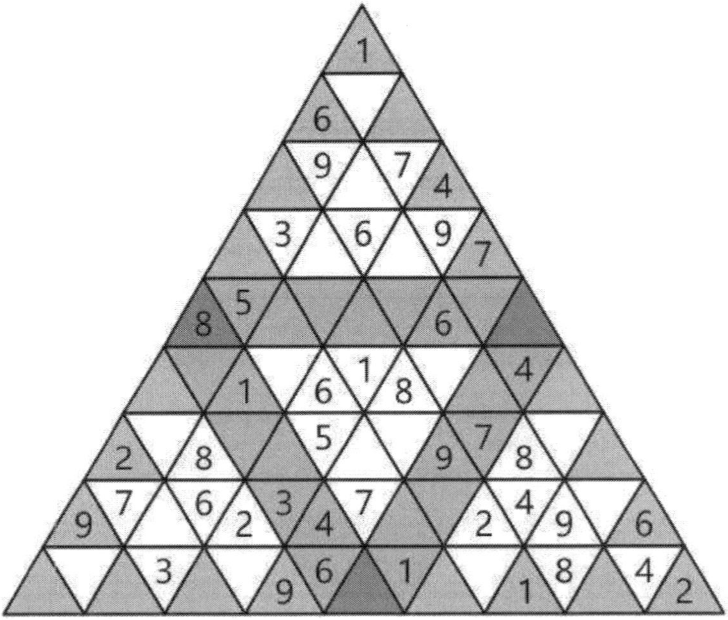
1
6
9 7 4
3 6 9 7
8 5 6
1 6 1 8 4
2 8 5 9 7 8
9 7 6 2 3 4 7 2 4 9 6
3 9 6 1 1 8 4 2

#48

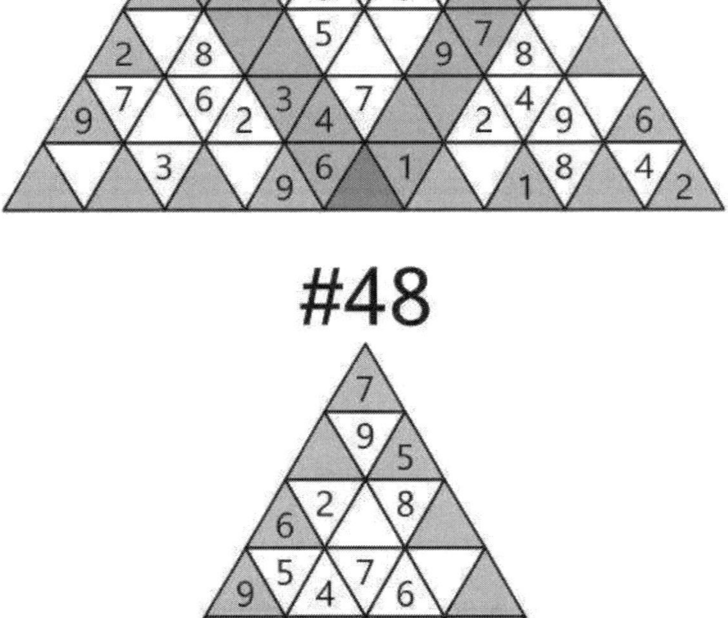
7
9 5
6 2 8
9 5 4 7 6
7 3 9
1 2 8 4 3
5 3 7 1 9 6
7 1 9 4 1 5 9 3
3 6 9 4 5 2 6 3 4 2

#49

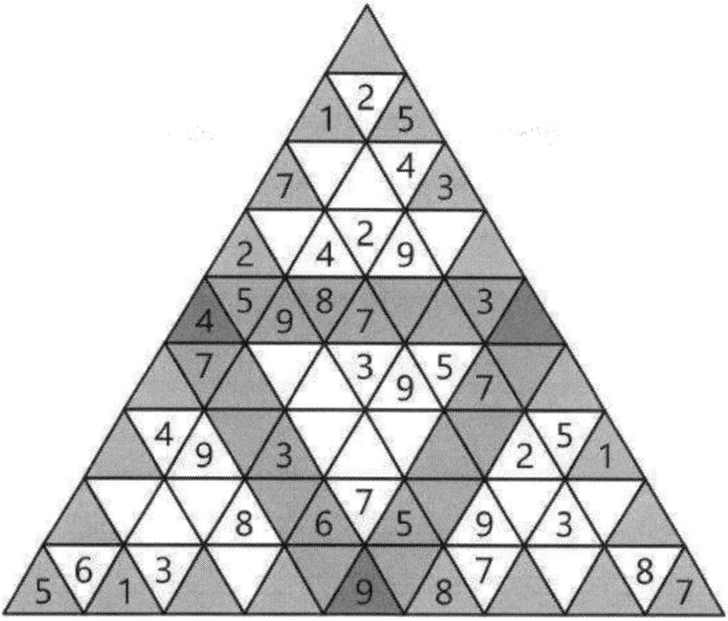

#50

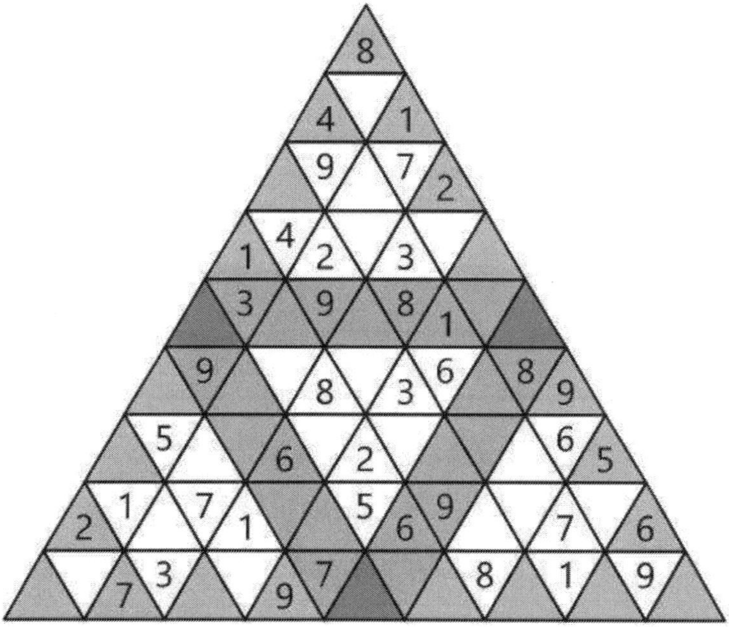

#51

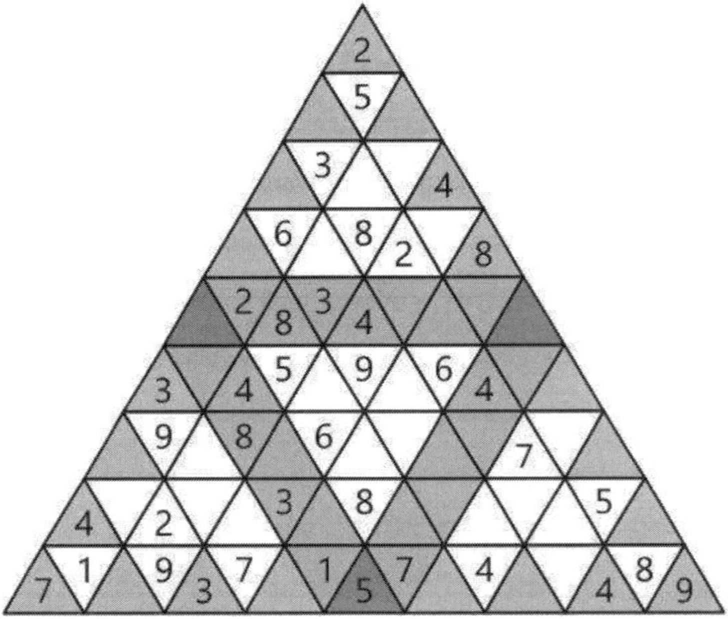

#52

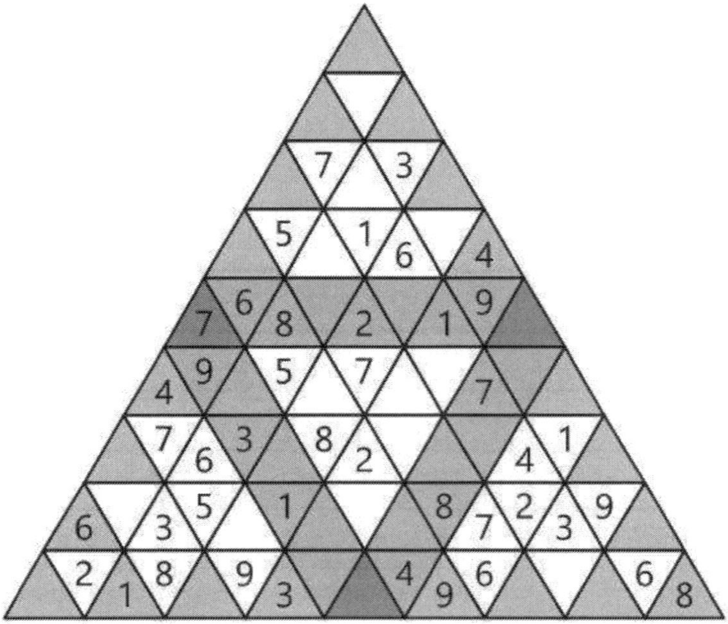

#53

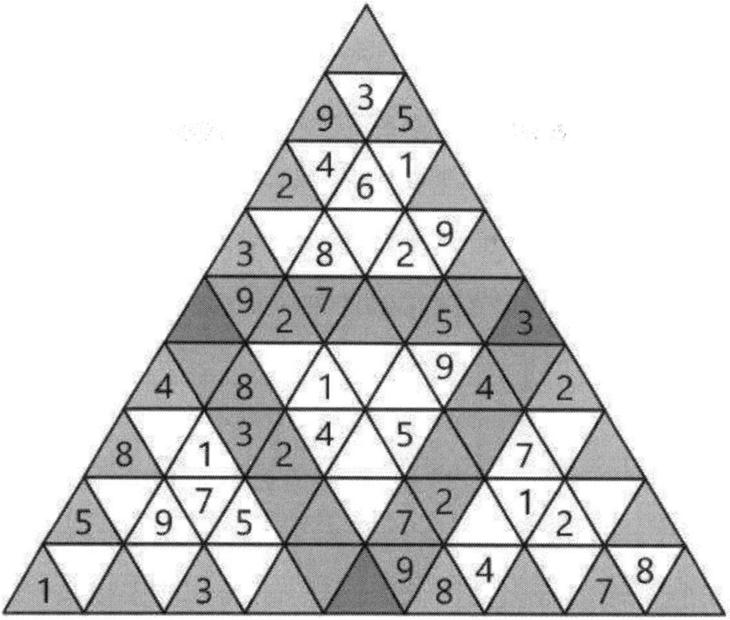

#54

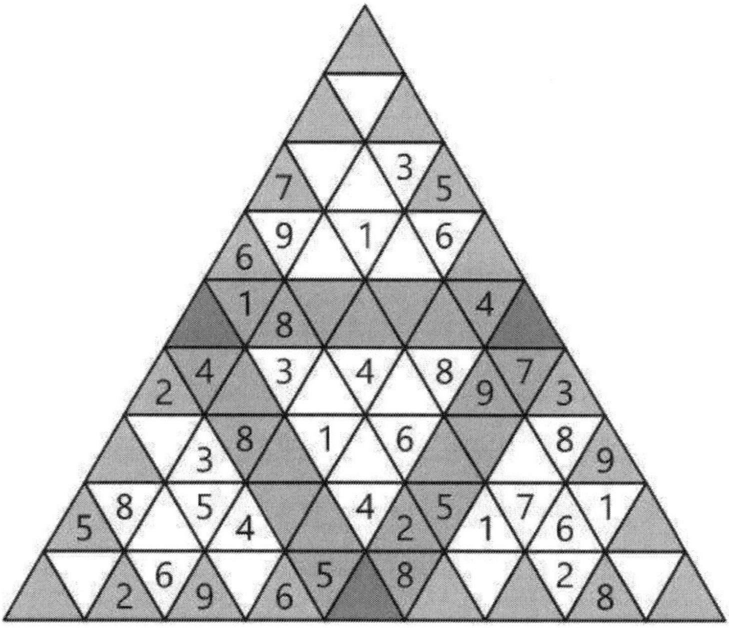

#55

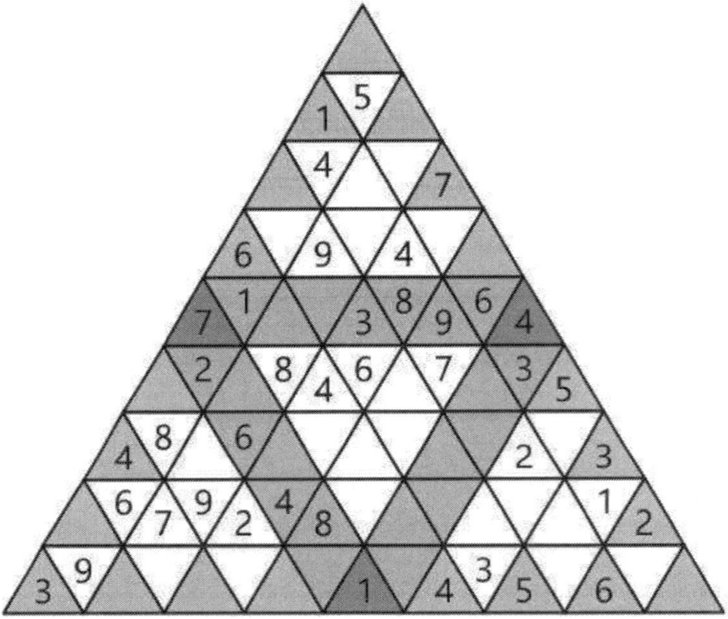
1 5
4 7
6 9 4
7 1 3 8 9 6 4
2 8 4 6 7 3 5
4 8 6 2 3
6 7 9 2 4 8 1 2
3 9 1 4 3 5 6

#56

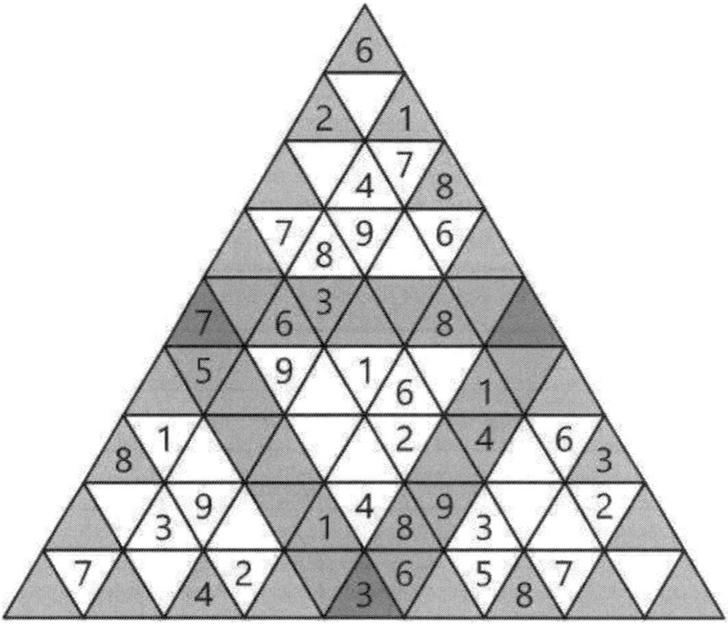
6
2 1
4 7 8
7 8 9 6
7 6 3 8
5 9 1 6 1
8 1 2 4 6 3
3 9 1 4 8 9 3 2
7 4 2 3 6 5 8 7

#57

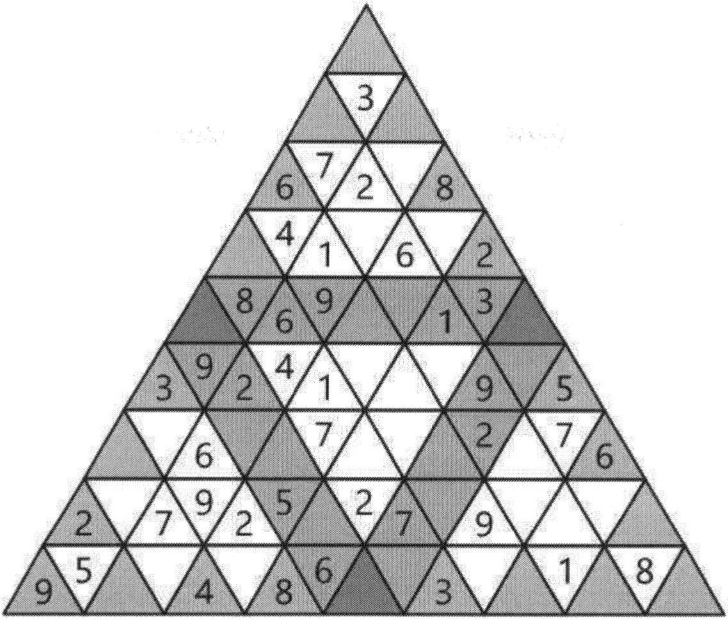

#58

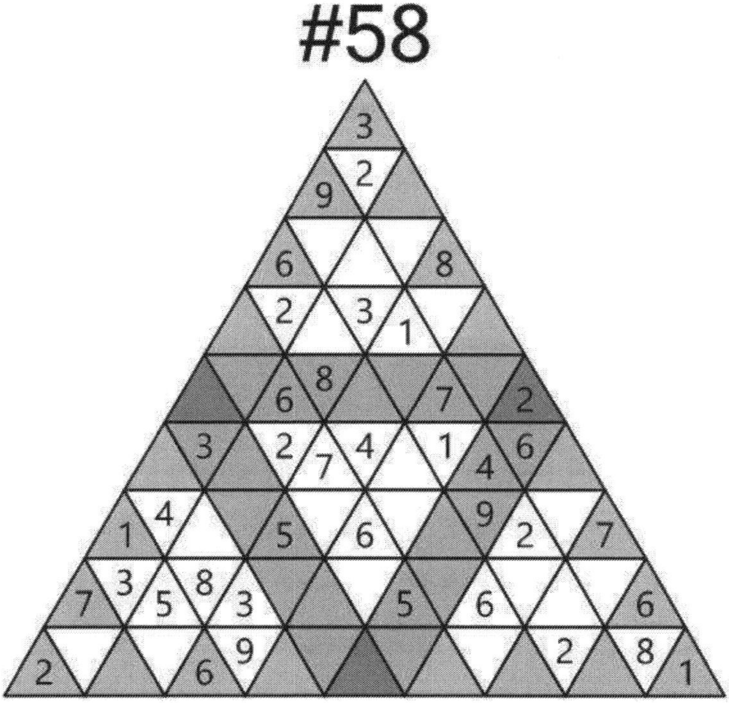

#59

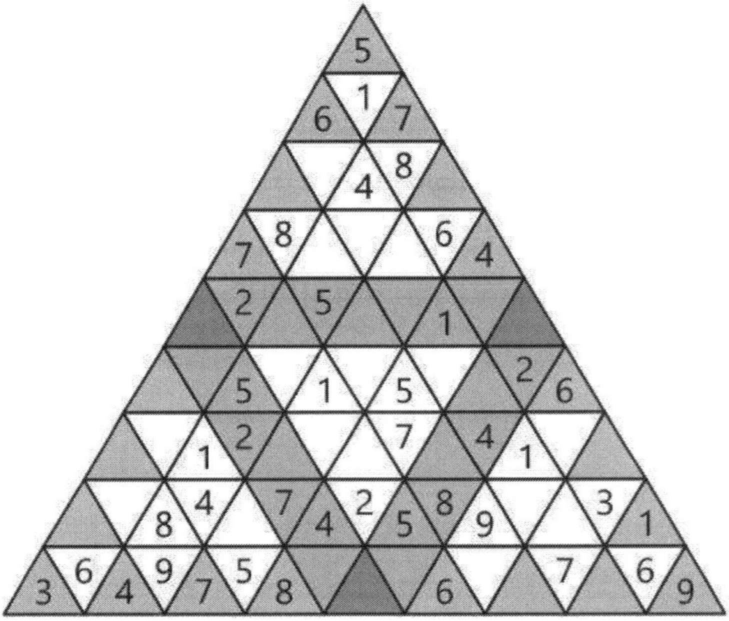

#60

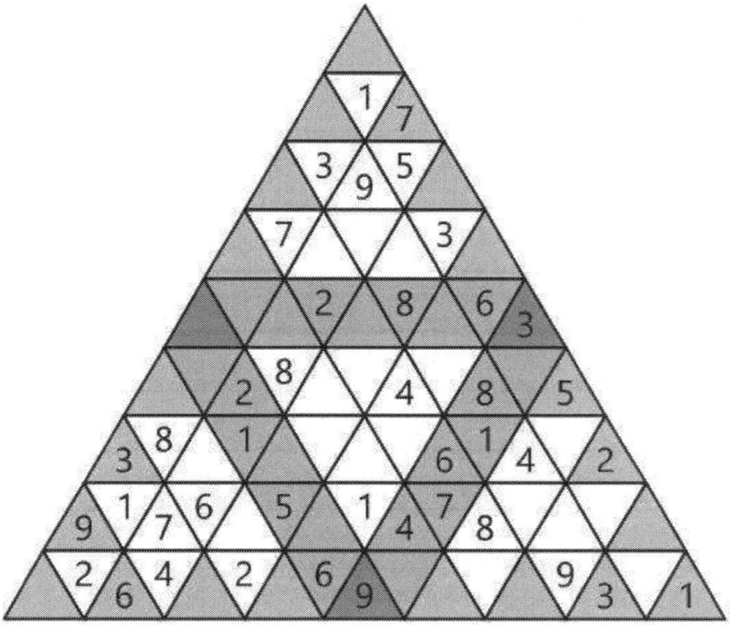

#61

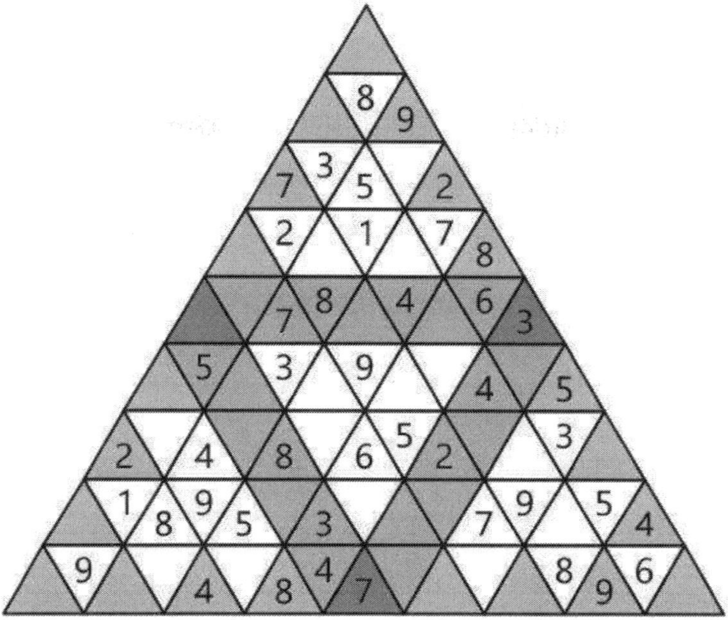

#62

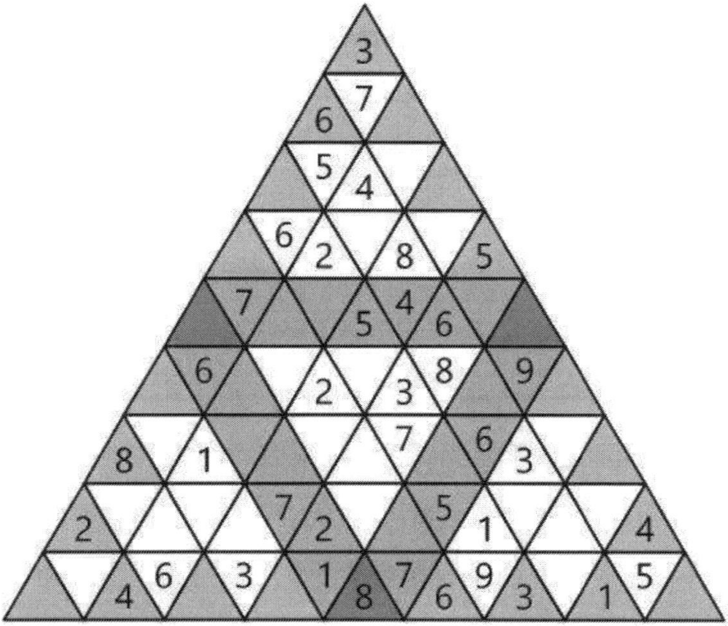

#63

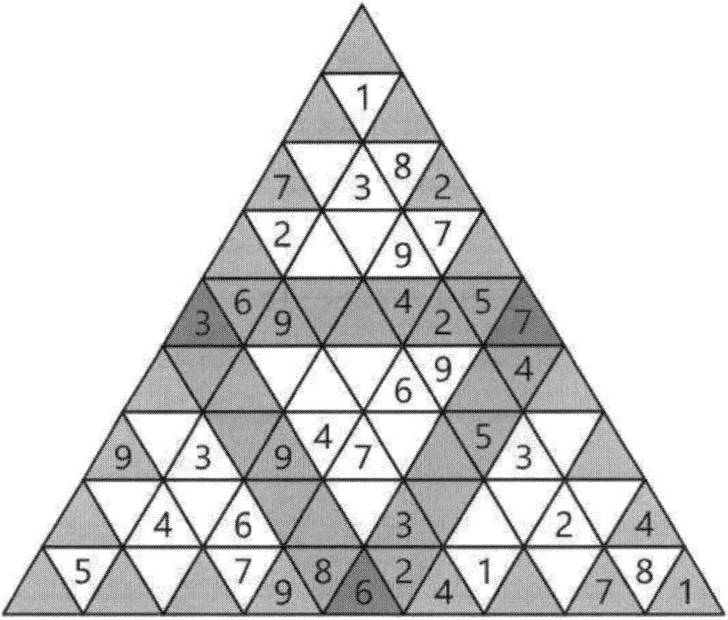

#64

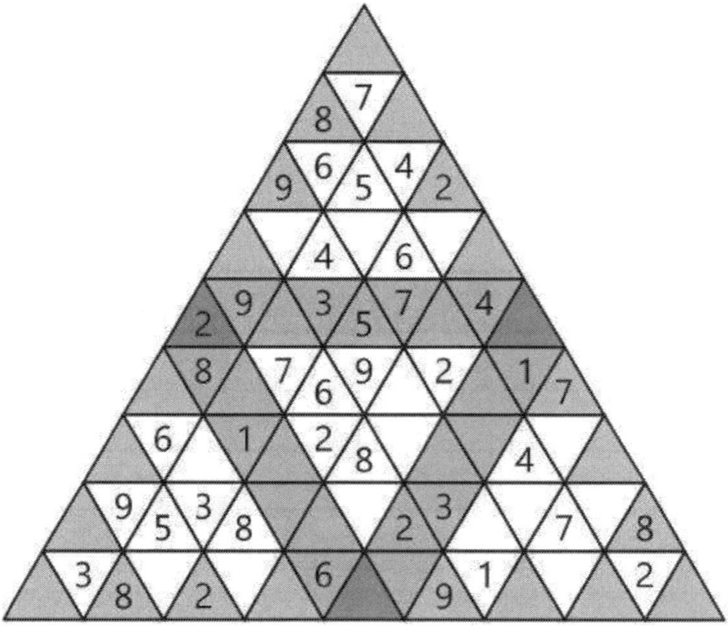

#65

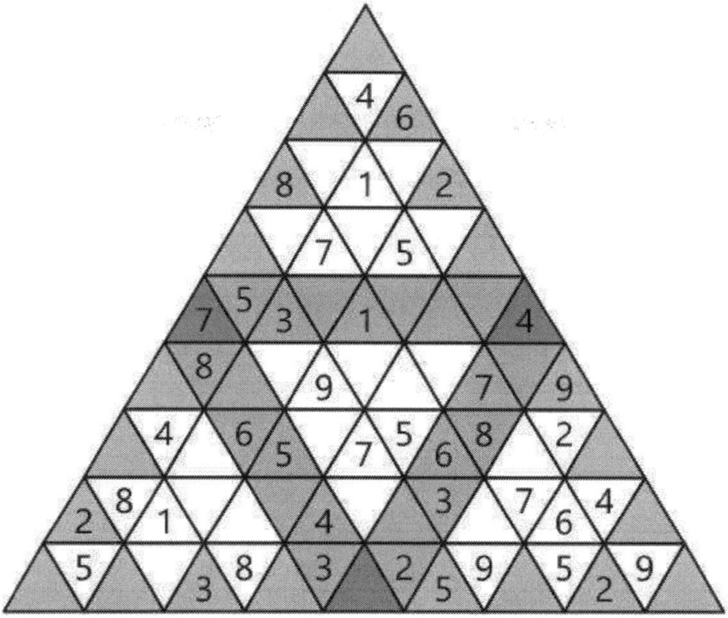
4 6
8 1 2
7 5
7 5 3 1 4
8 9 7 9
4 6 5 7 5 6 8 2
2 8 1 4 3 7 6 4
5 3 8 3 2 5 9 5 2 9

#66

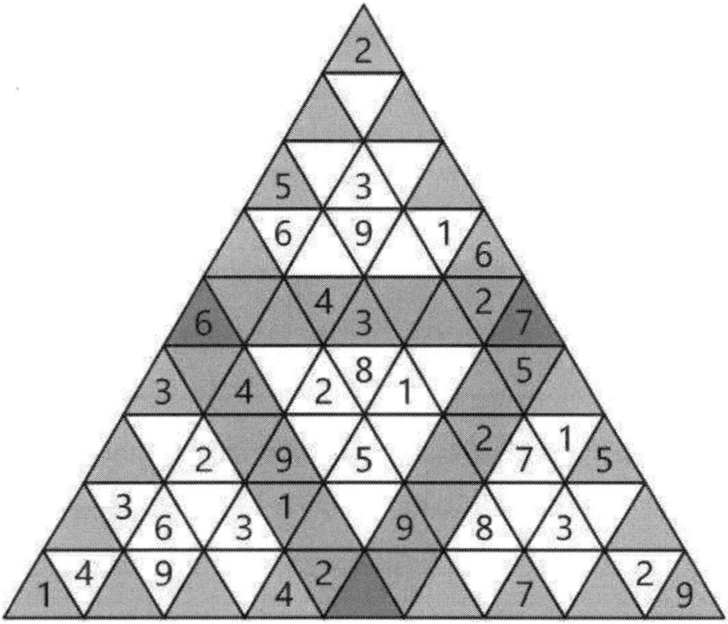
2
5 3
6 9 1 6
6 4 3 2 7
3 4 2 8 1 5
2 9 5 2 7 1 5
3 6 3 1 9 8 3
1 4 9 4 2 7 2 9

#67

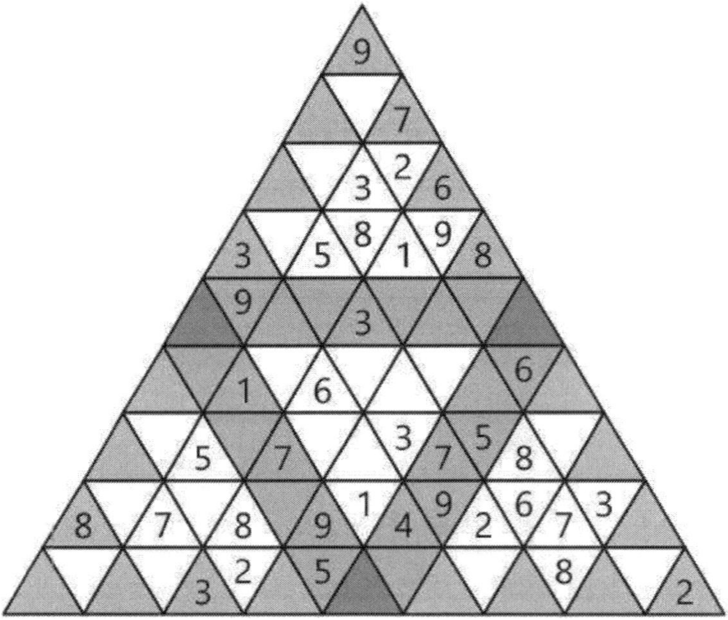
9
7
3 2 6
3 5 8 1 9 8
9 3
1 6 6
5 7 3 7 5 8
8 7 8 9 1 4 9 2 6 7 3
3 2 5 8 2

#68

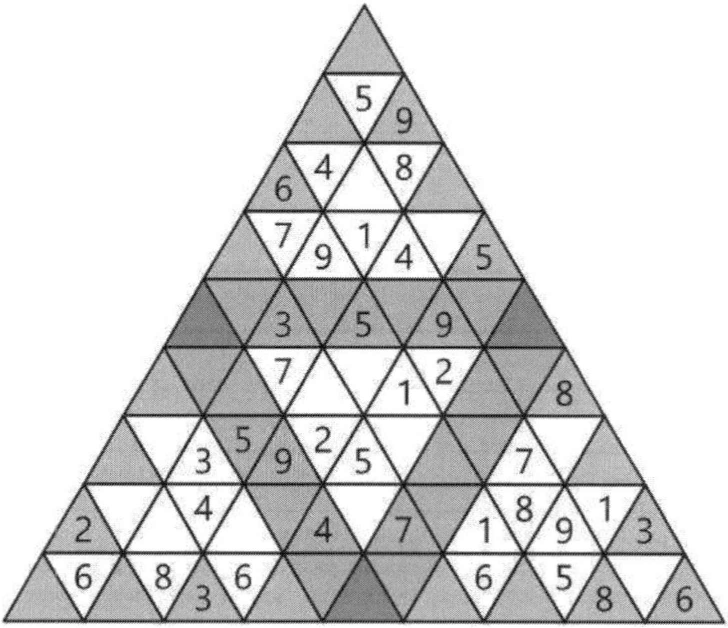
5 9
6 4 8
7 9 1 4 5
3 5 9
7 1 2 8
3 5 9 2 5 7
2 4 4 7 1 8 9 1 3
6 8 3 6 6 5 8 6

#69

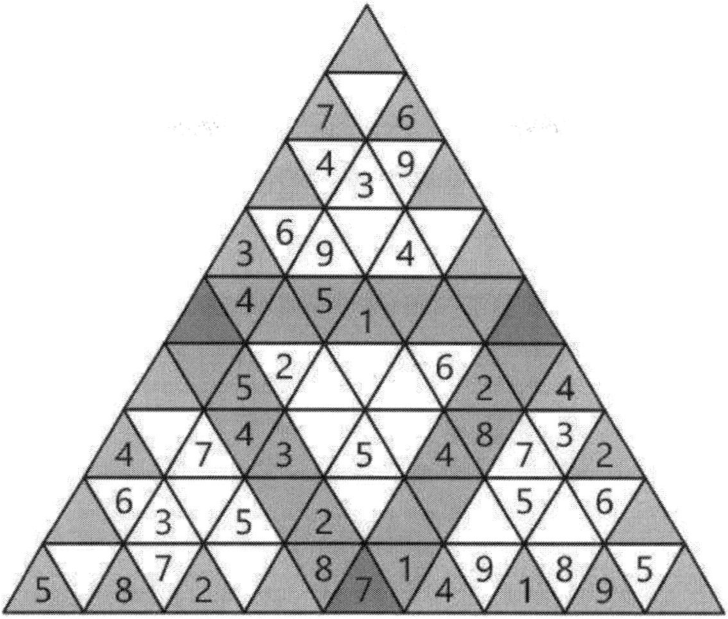
7 6
4 3 9
3 6 9 4
4 5 1
5 2 6 2 4
4 7 4 3 5 4 8 7 3 2
6 3 5 2 5 6
5 8 7 2 8 7 1 4 9 1 8 9 5

#70

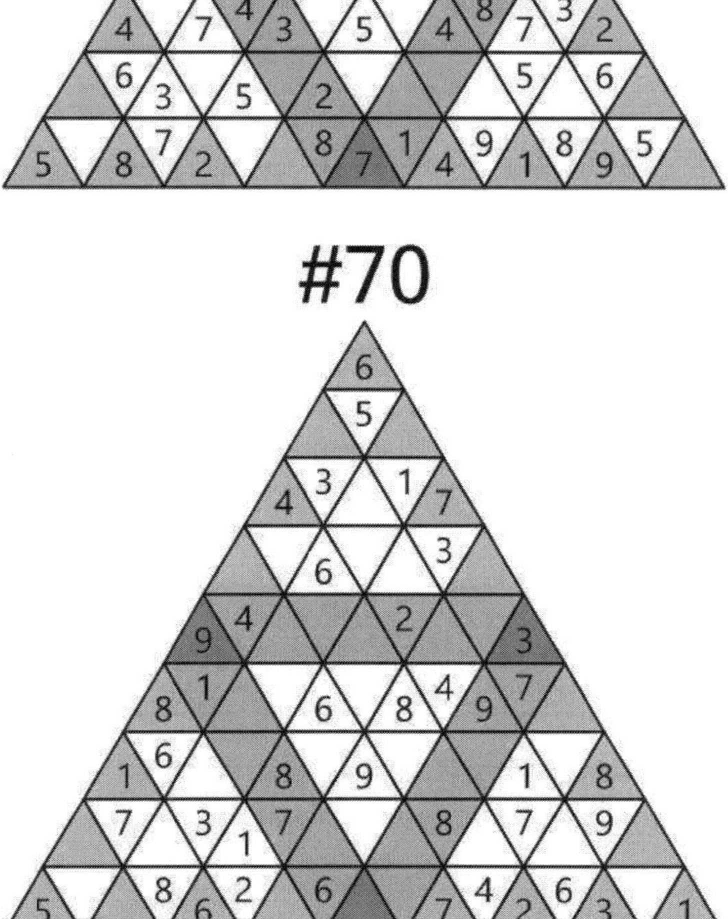
6
5
4 3 1 7
6 3
9 4 2 3
8 1 6 8 4 9 7
1 6 8 9 1 8
7 3 1 7 8 7 9
5 8 6 2 6 7 4 2 6 3 1

#71

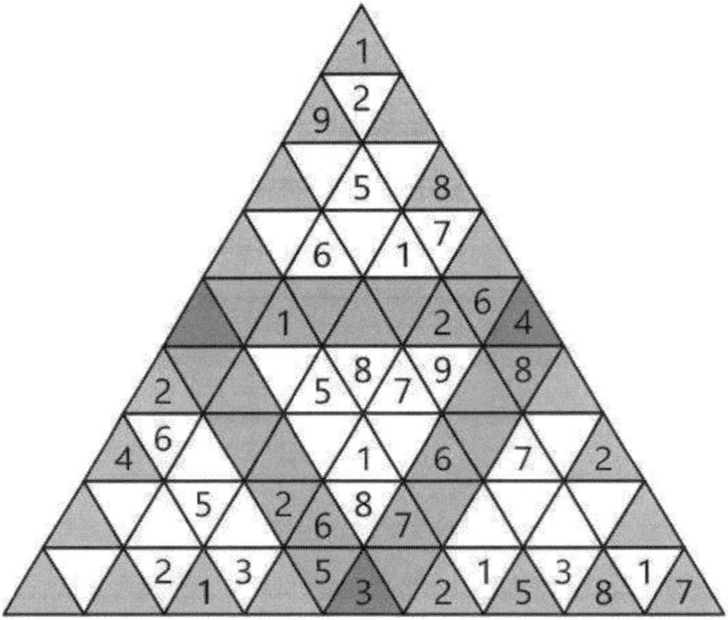

#72

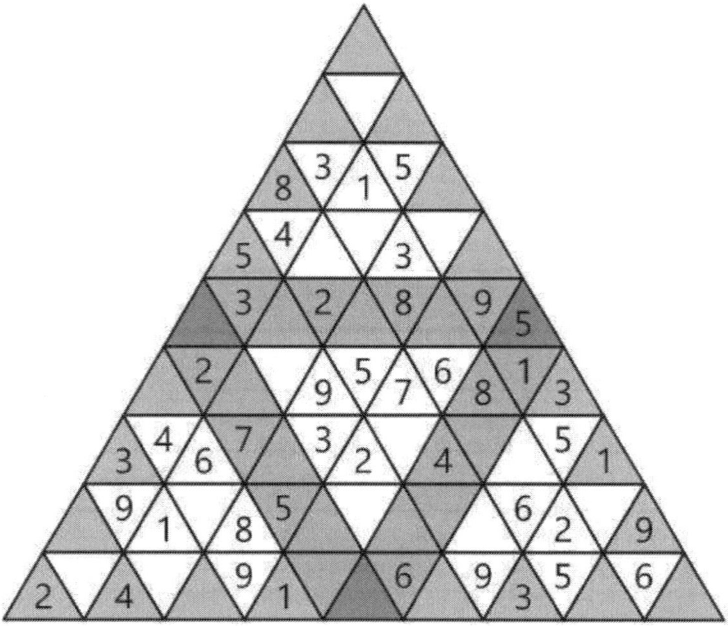

#73

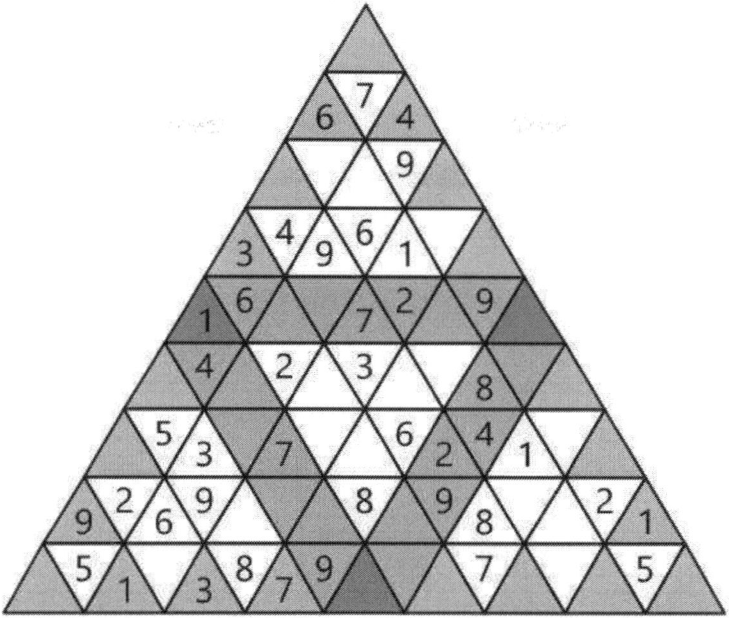

#74

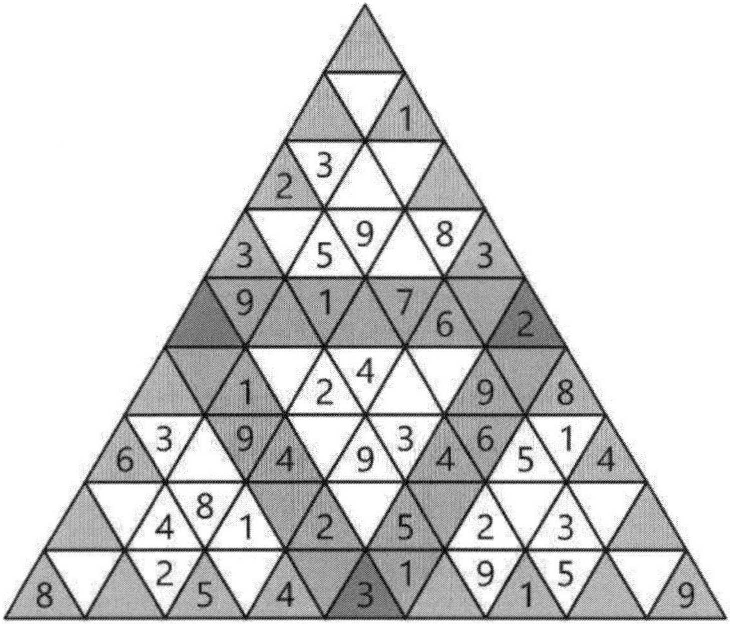

#75

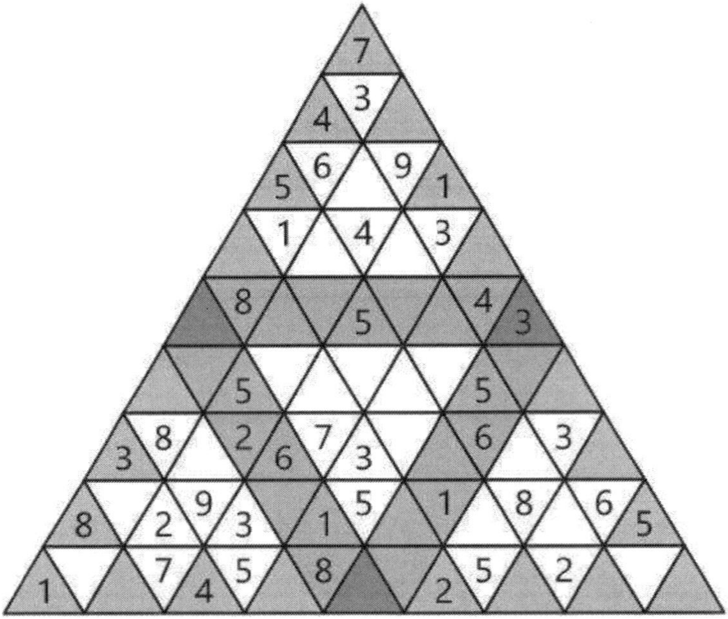

#76

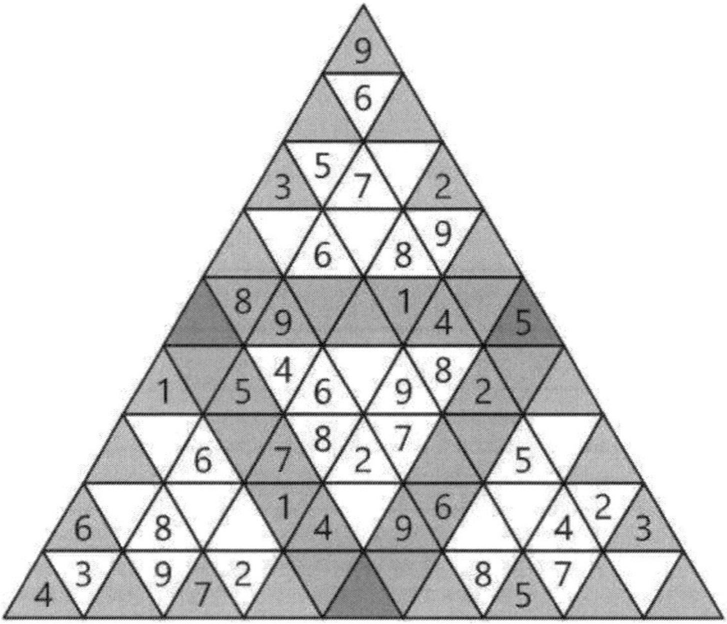

#77

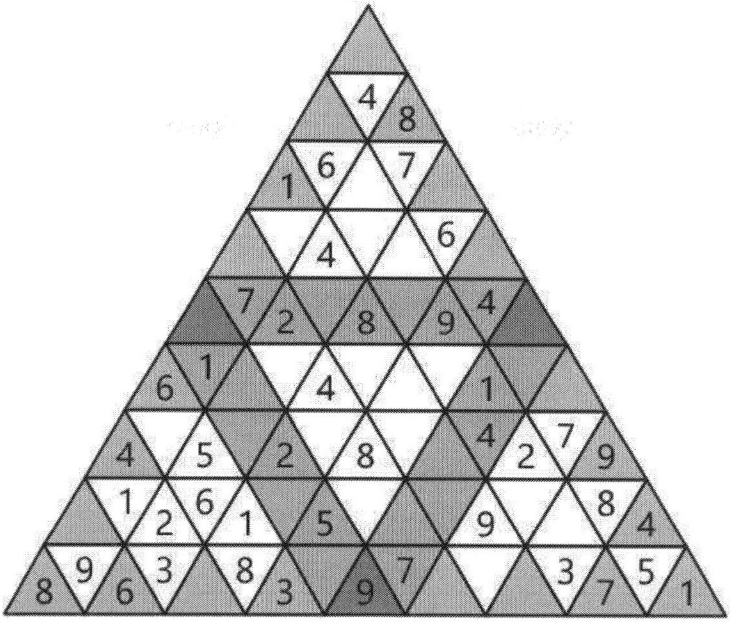

#78

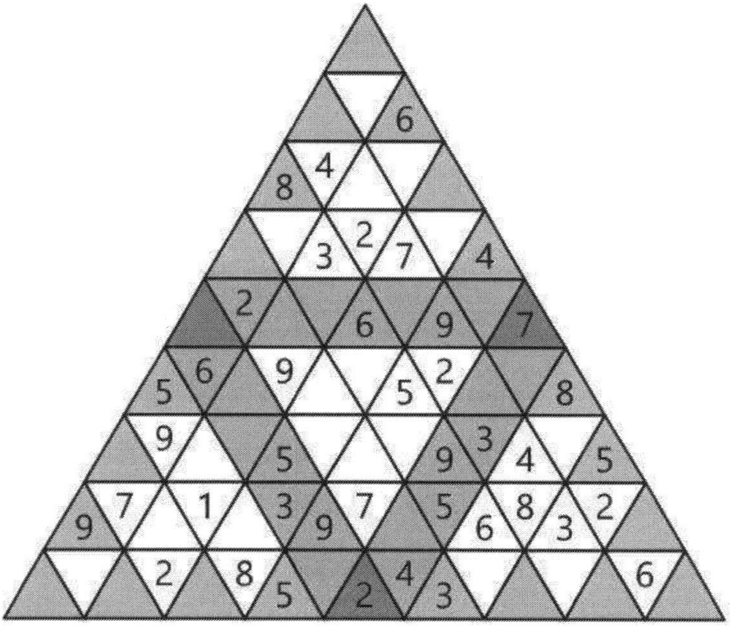

#79

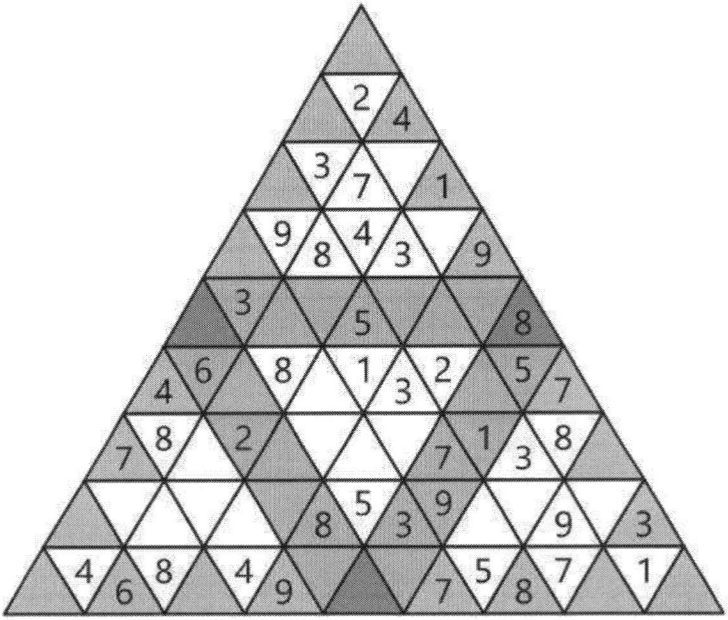

#80

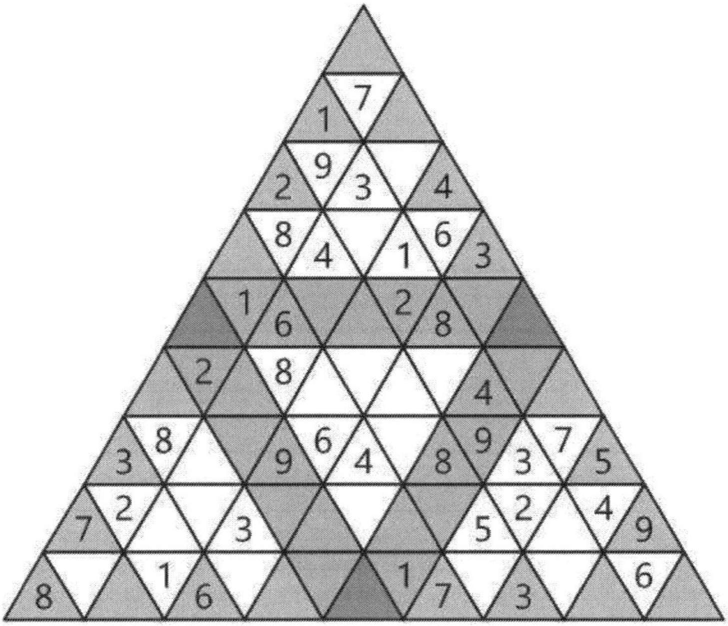

#81

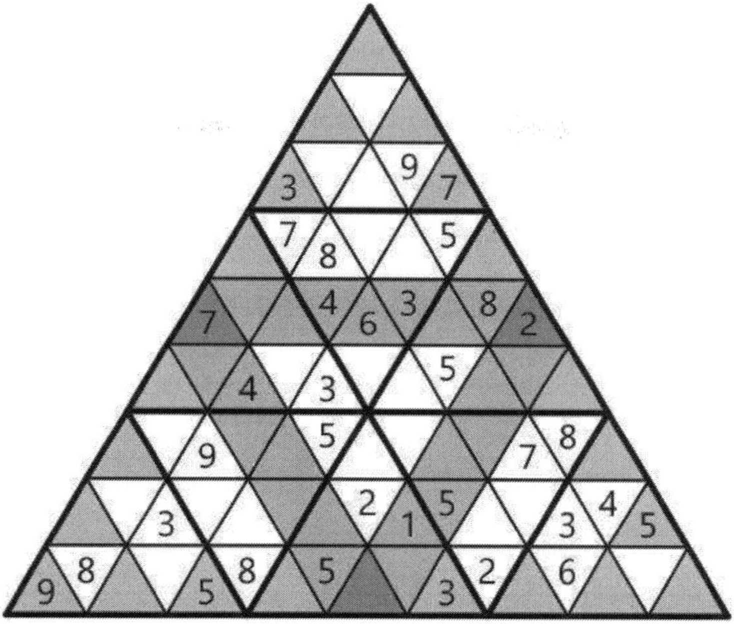

#82

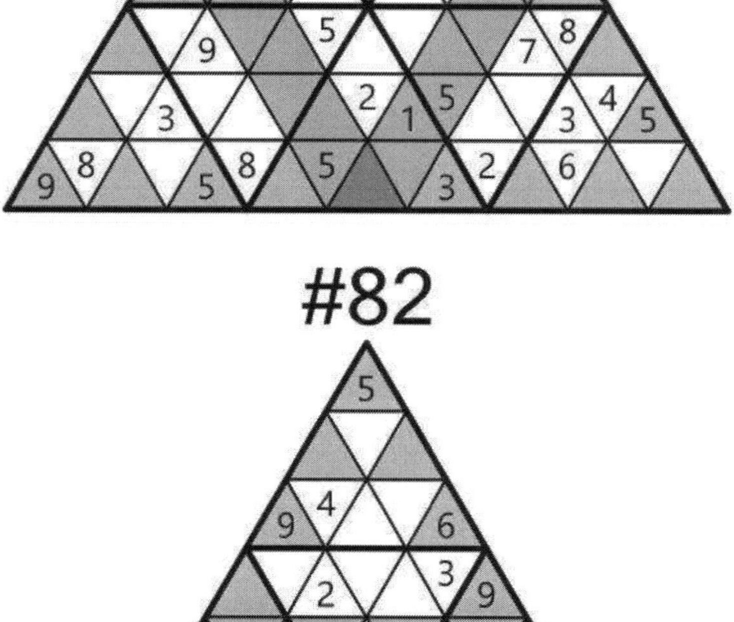

#83

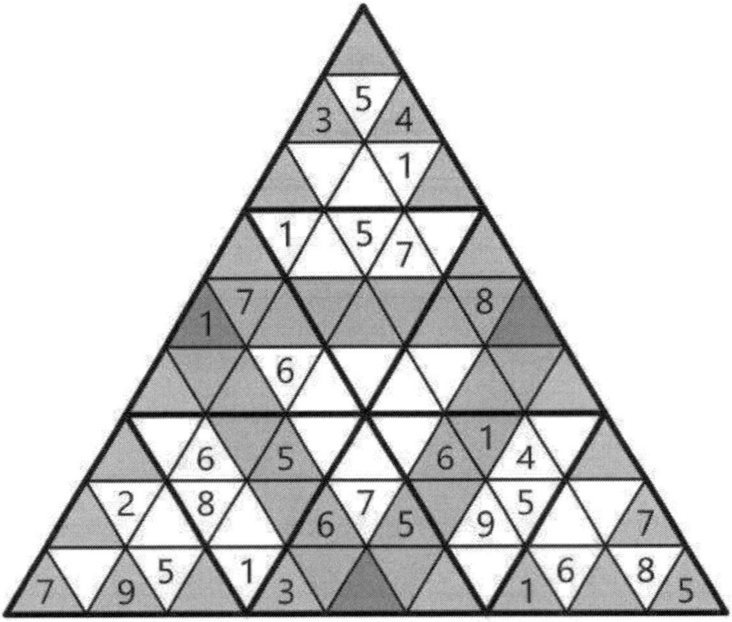
3 5 4
1
1 5 7
1 7 8
6
6 5 6 1 4
2 8 6 7 5 9 5 7
7 9 5 1 3 1 6 8 5

#84

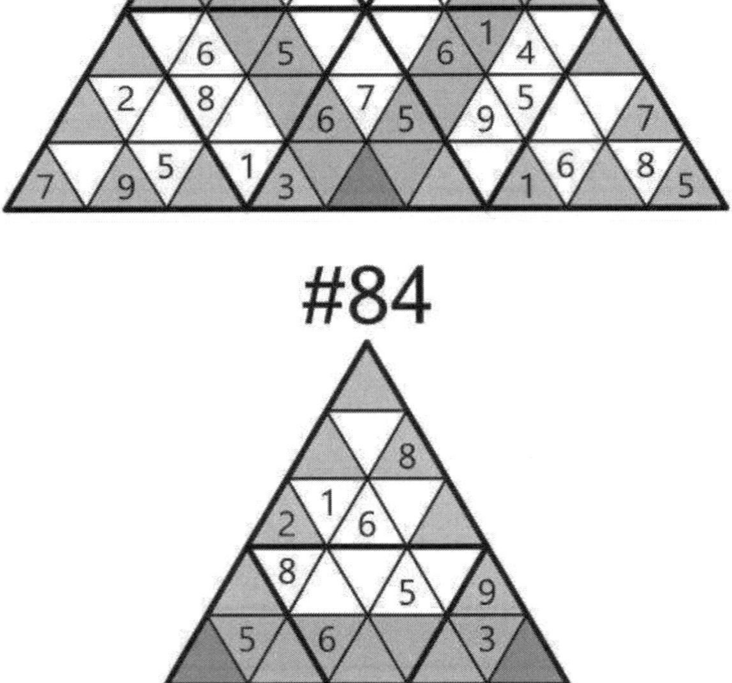
8
2 1 6
8 5 9
5 6 3
2 4 1 6
9 6 8 2 6 8 6
5 8 1
6 3 4 9 6 2 9 4 3

#85

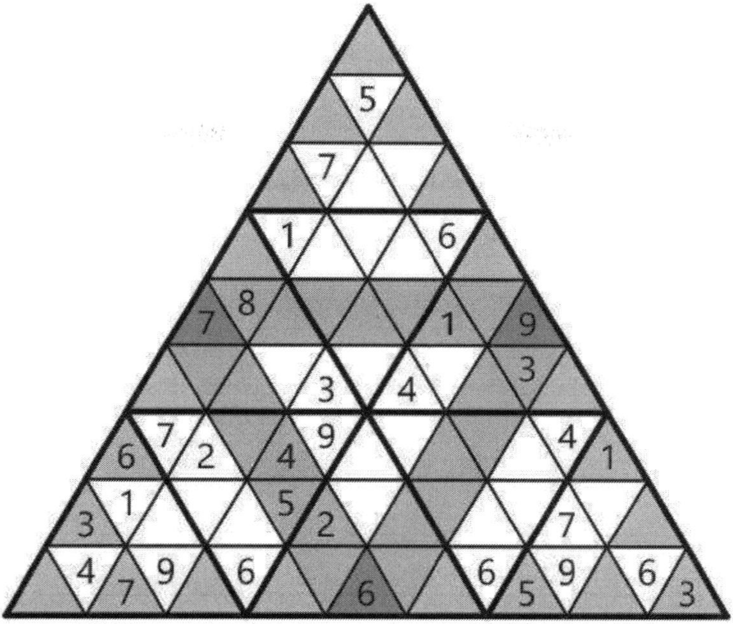
5
7
1 6
7 8 1 9
3 4 3
6 7 2 4 9 4 1
3 1 5 2 7
4 7 9 6 6 6 5 9 6 3

#86

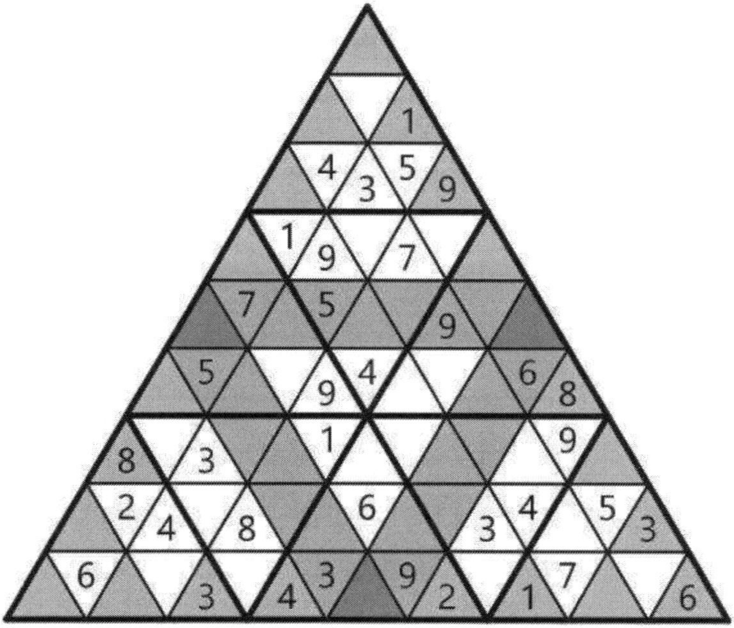
1
4 3 5 9
1 9 7
7 5 9
5 9 4 6 8
8 3 1 9
2 4 8 6 3 4 5 3
6 3 4 3 9 2 1 7 6

#87

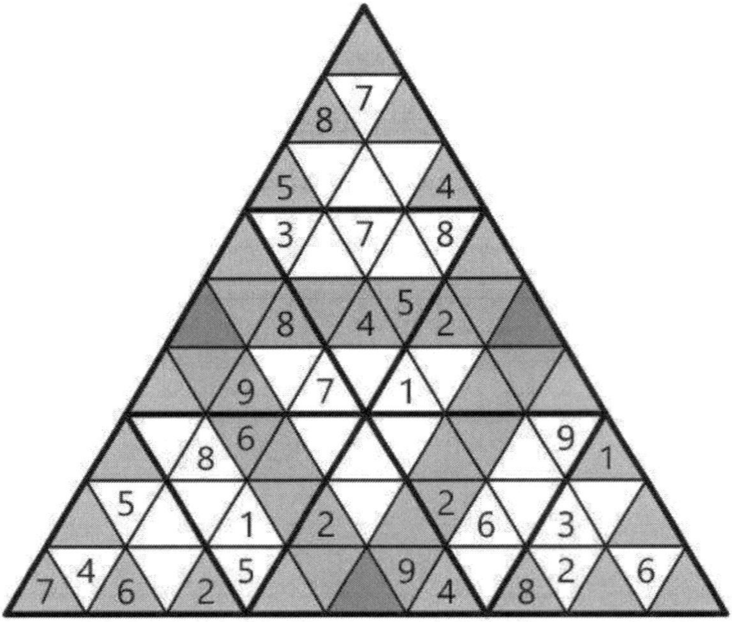

#88

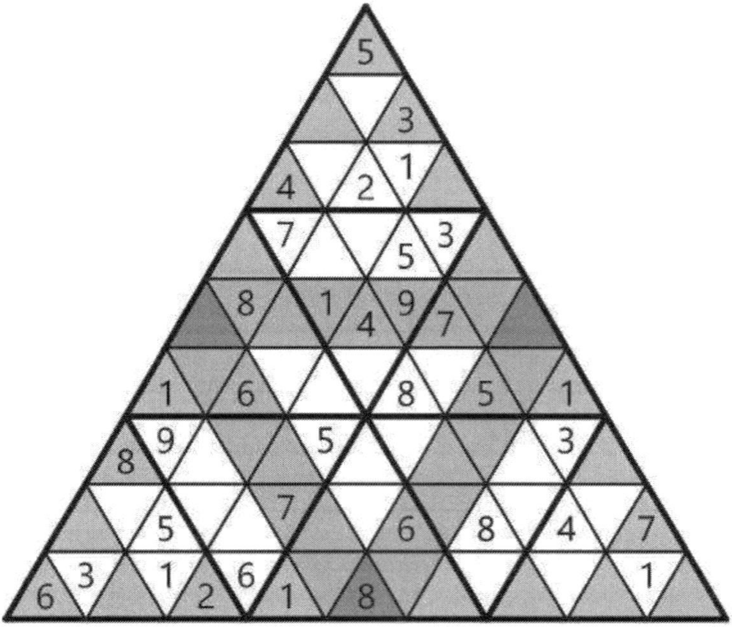

#89

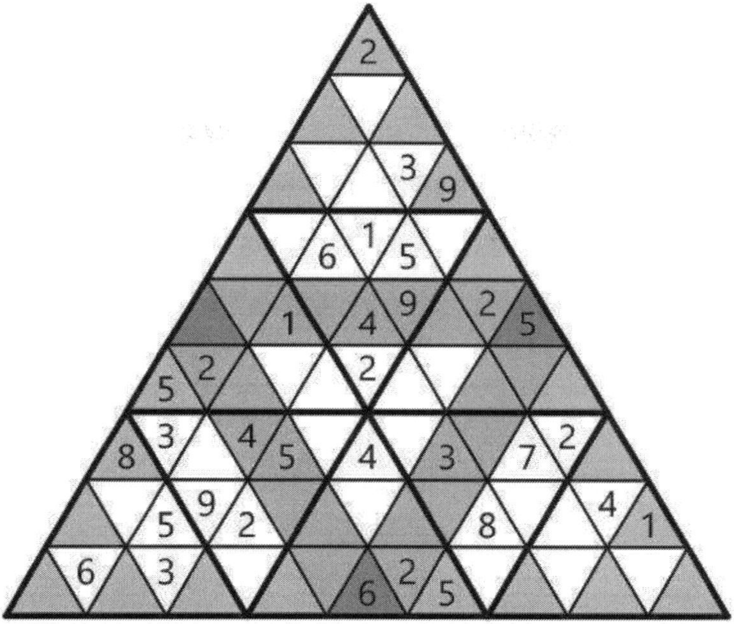

#90

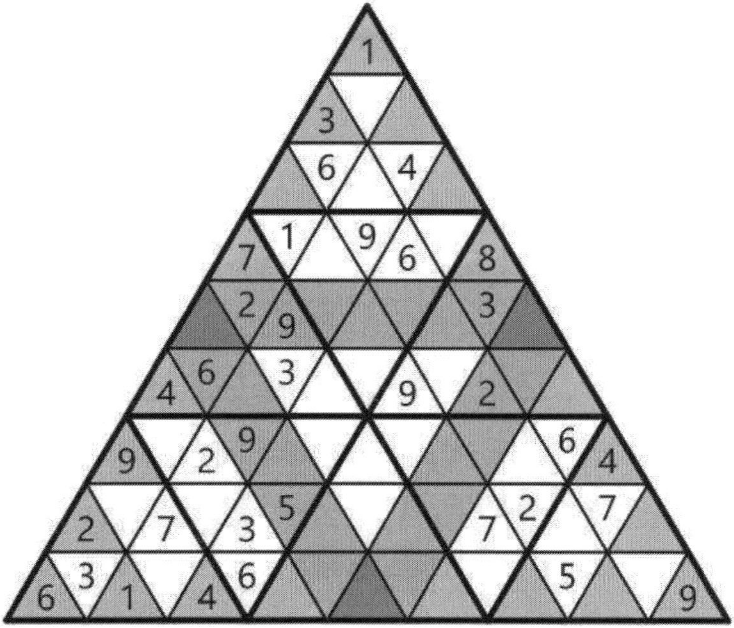

#91

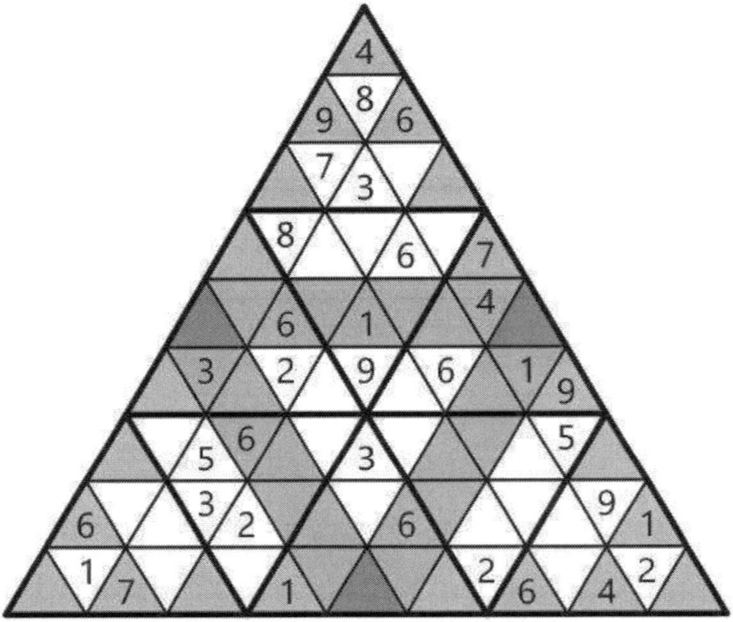

#92

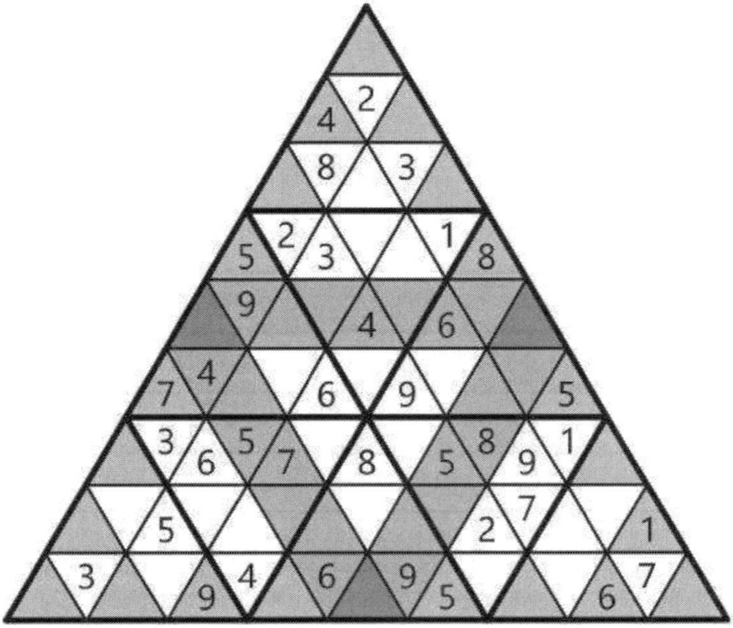

#93

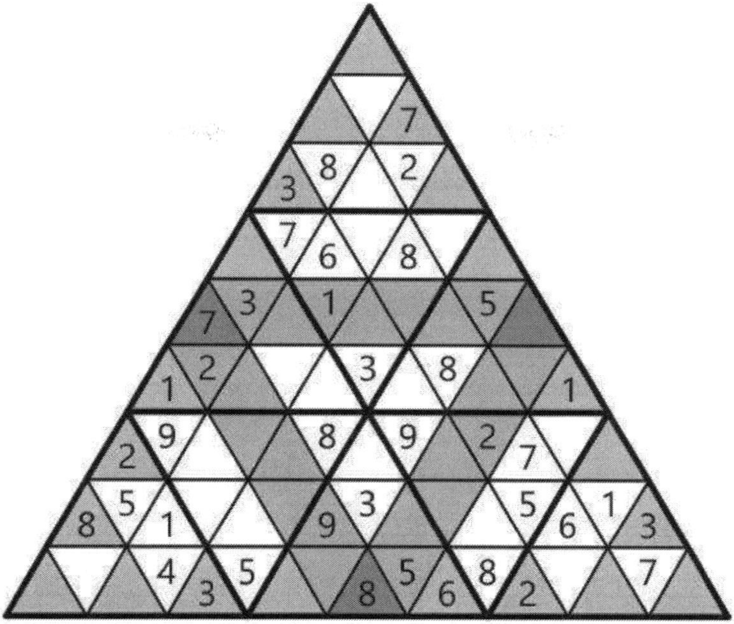

#94

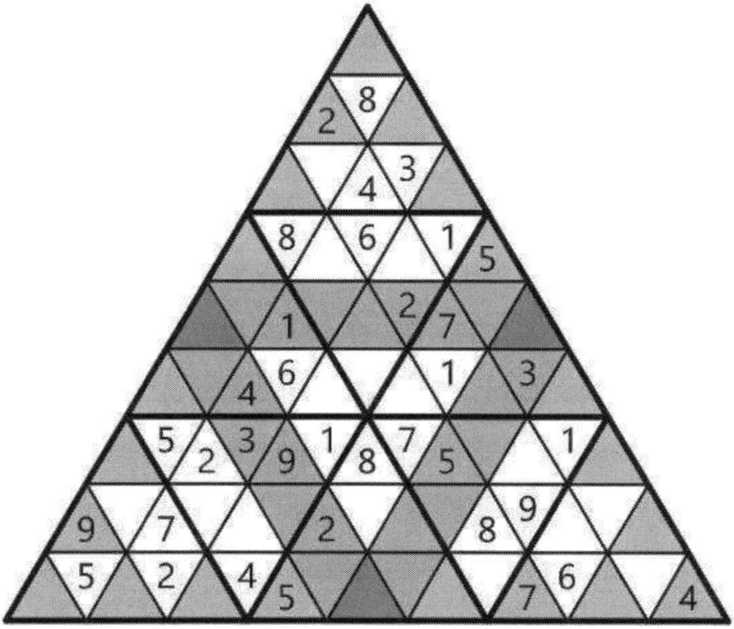

#95

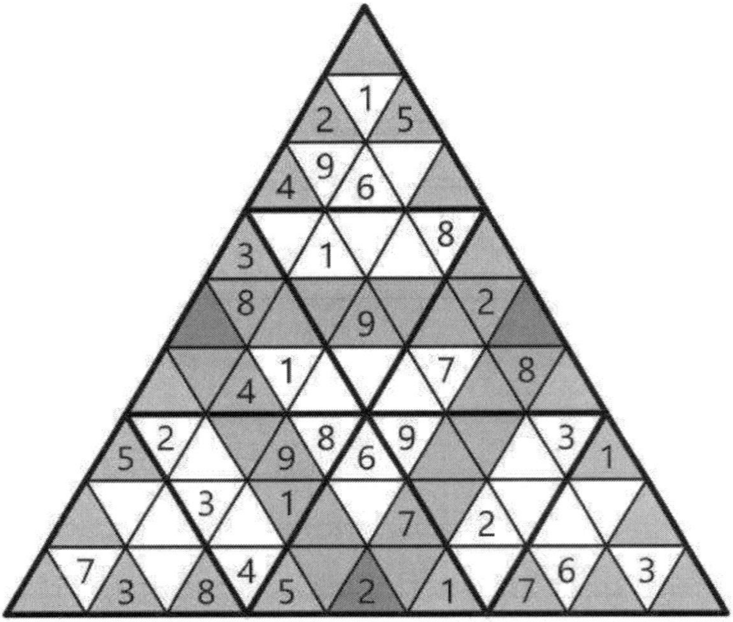

#96

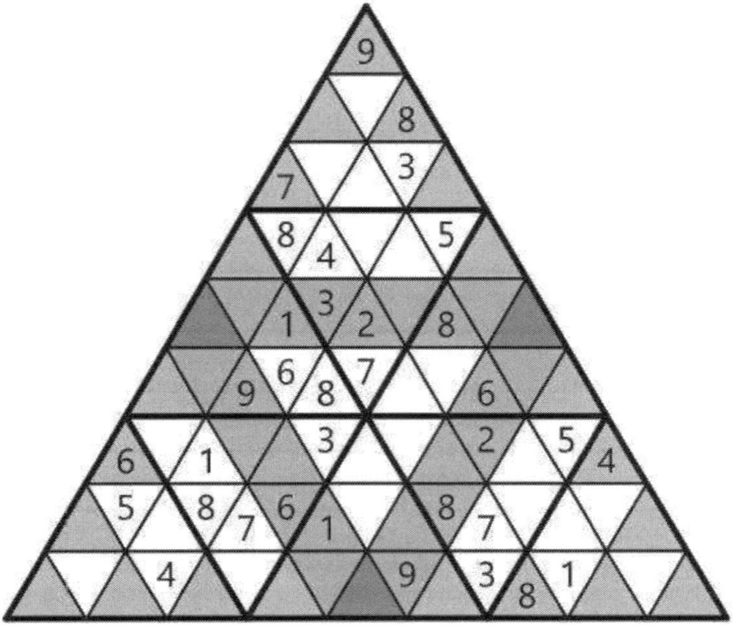

#97

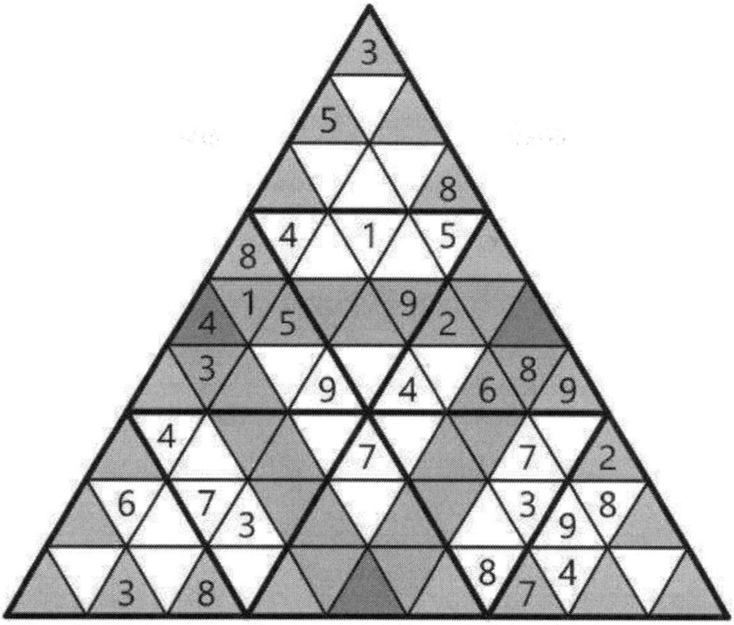

#98

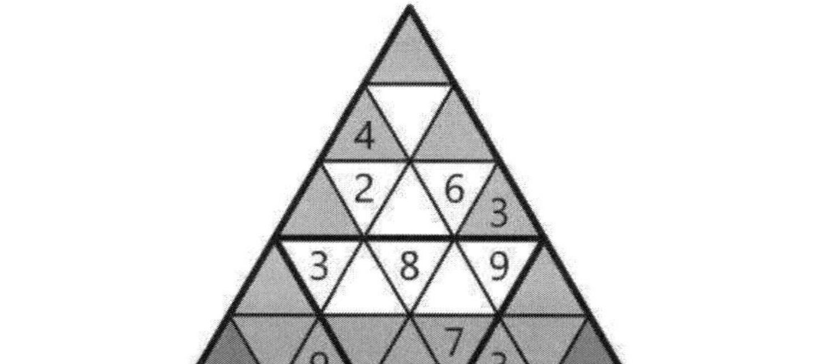

#99

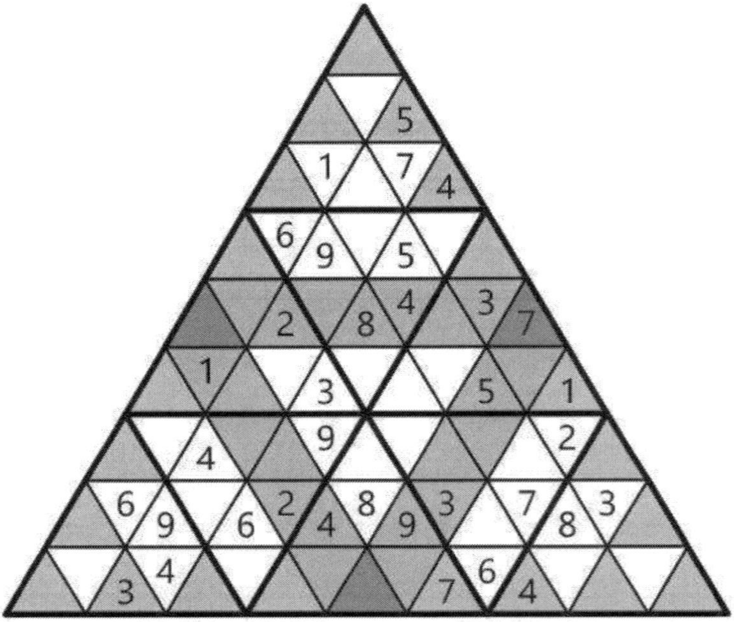

#100

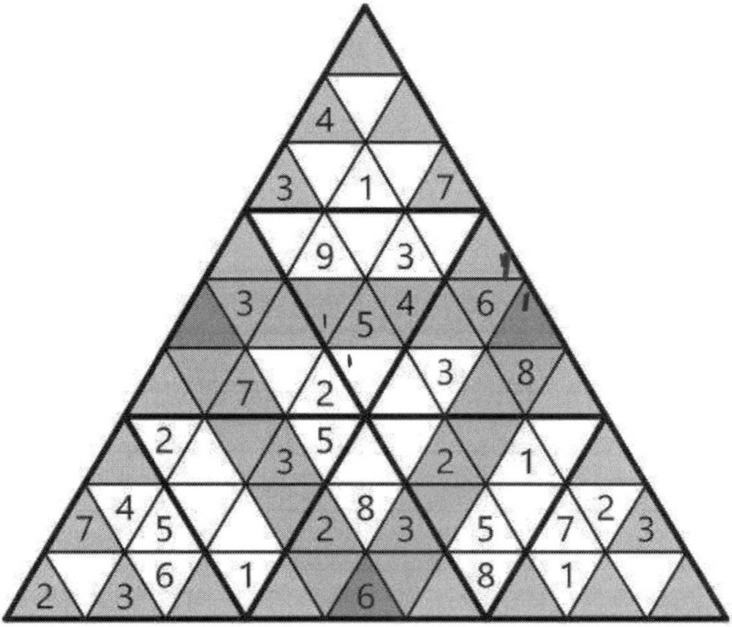

OPLOSSINGEN

#1

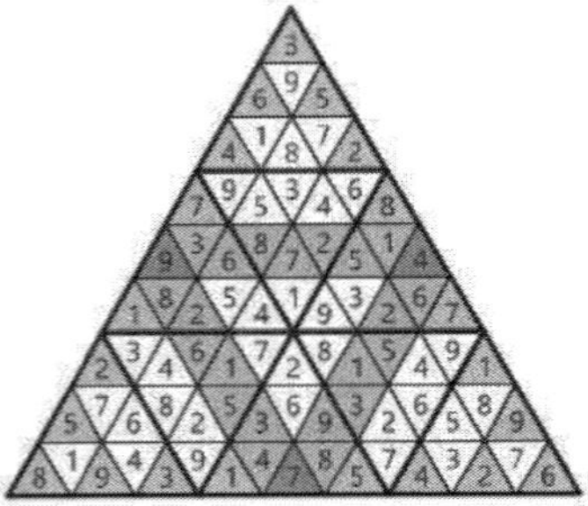

#2

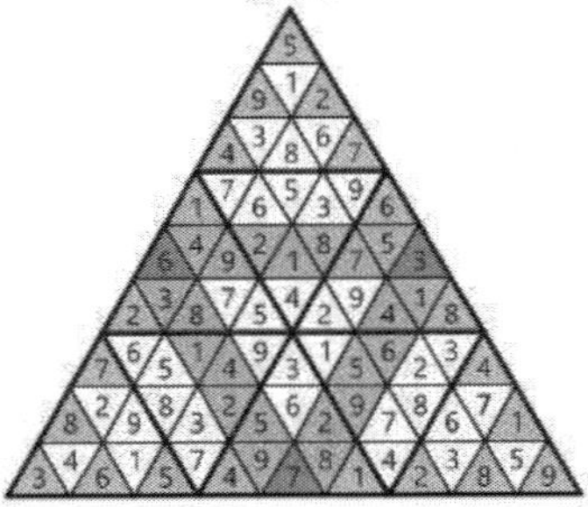

#3

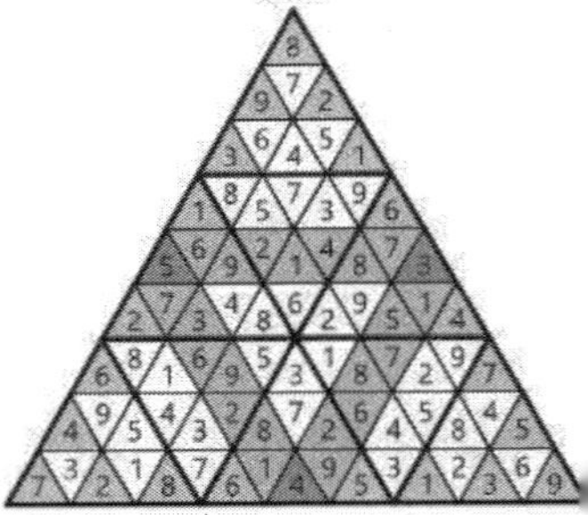

#4

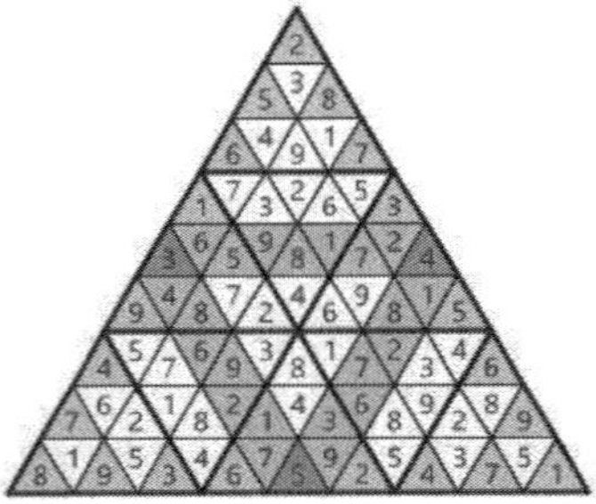

#5

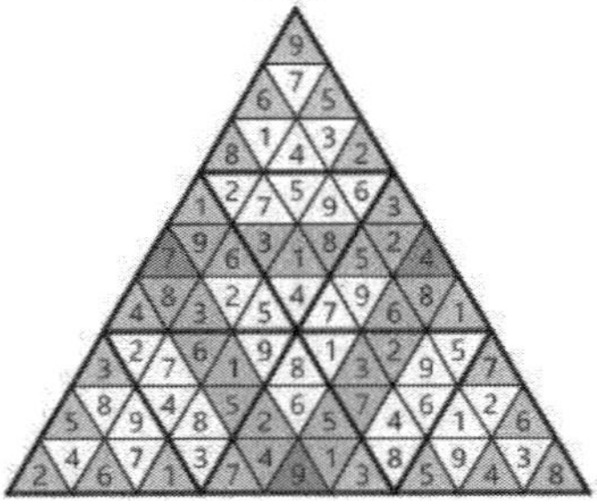

#6

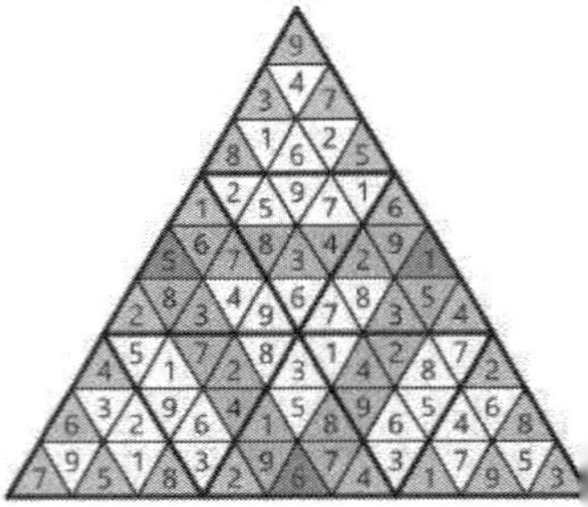

#7

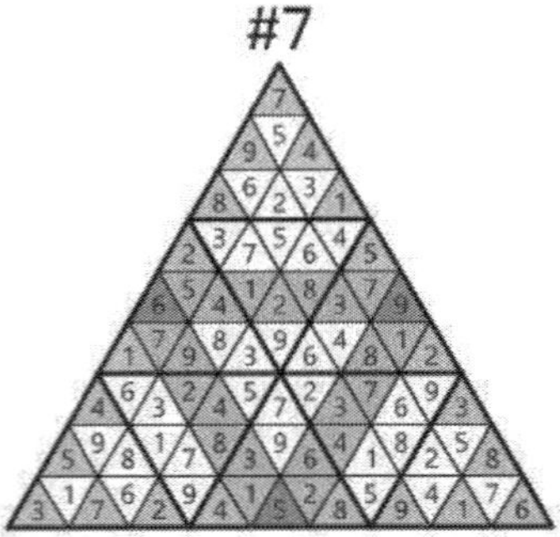

#8

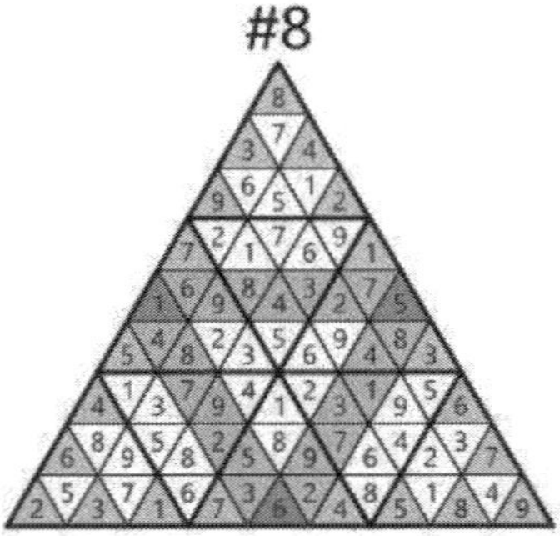

#9

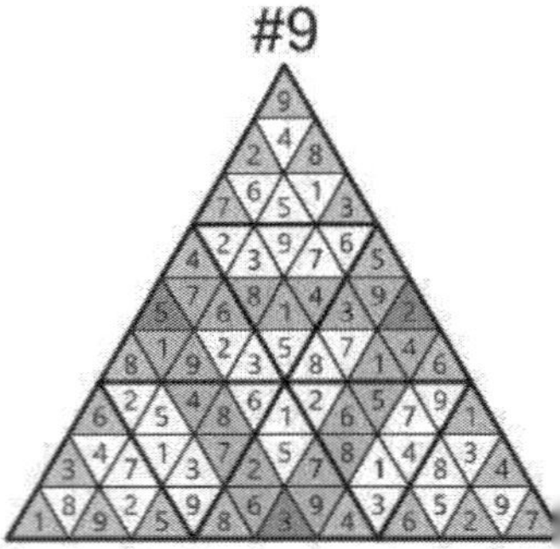

#10

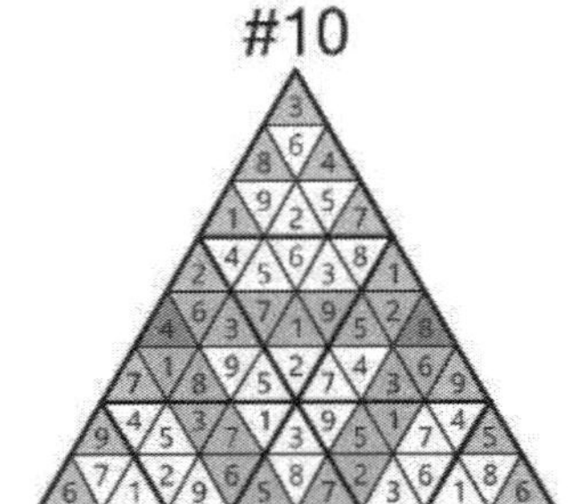

#11

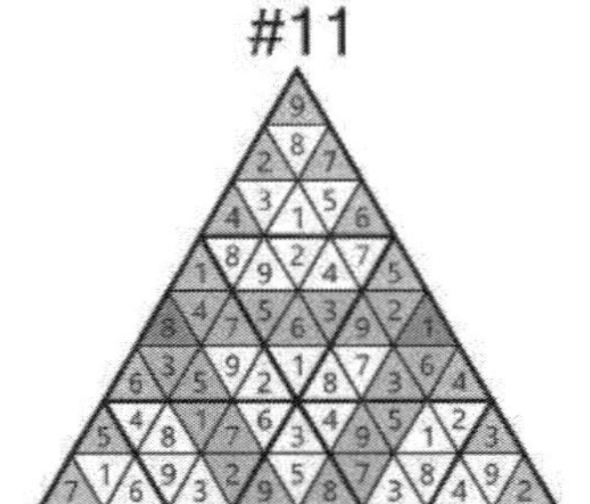

#12

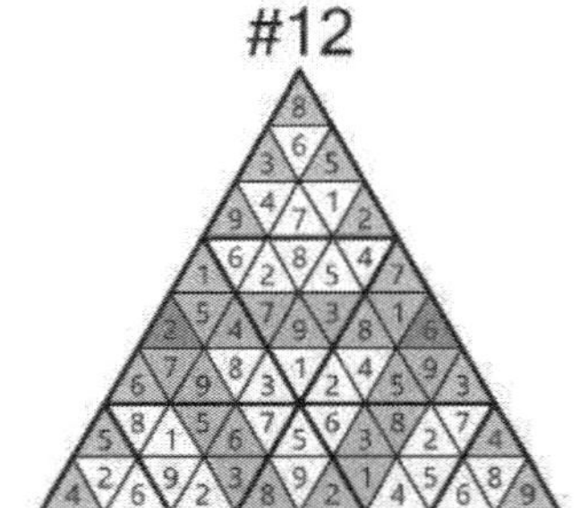

#13

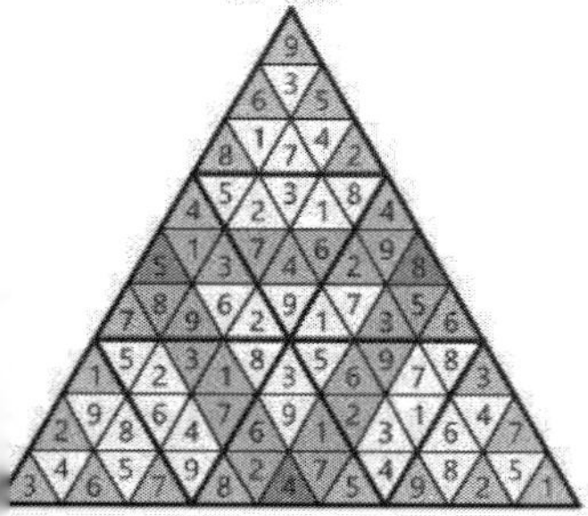

#14

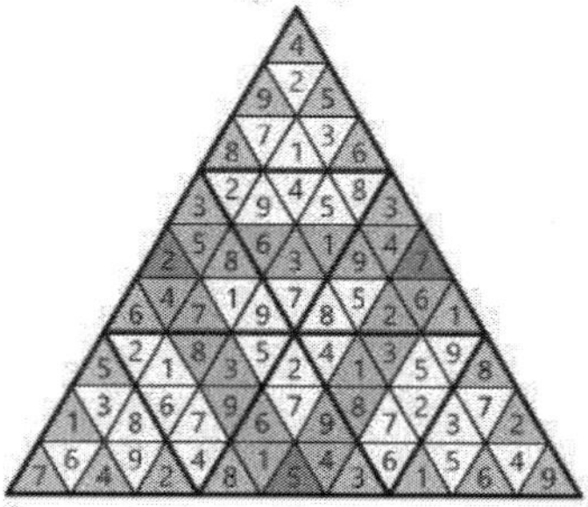

#15

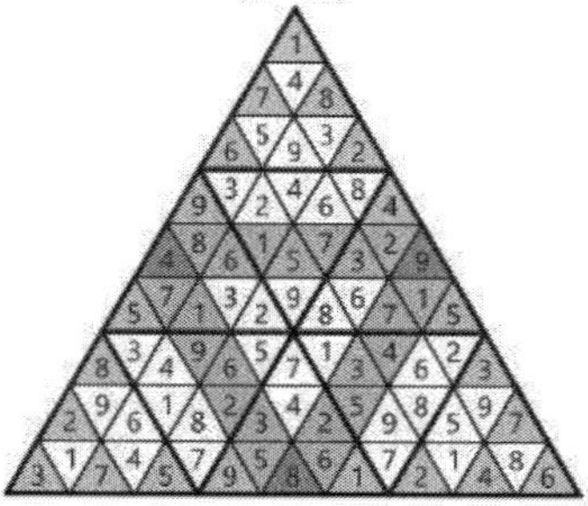

#16

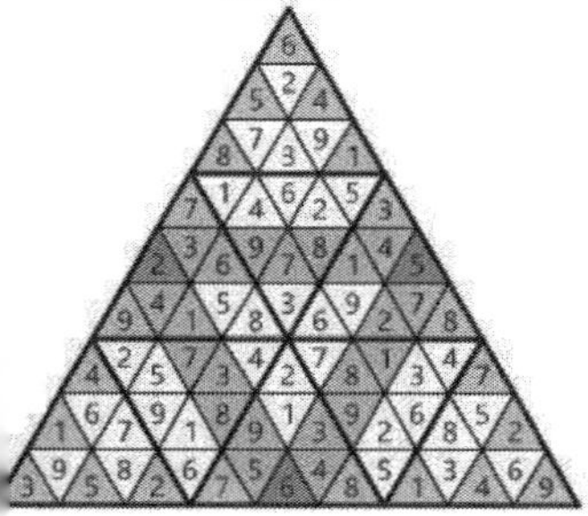

#17

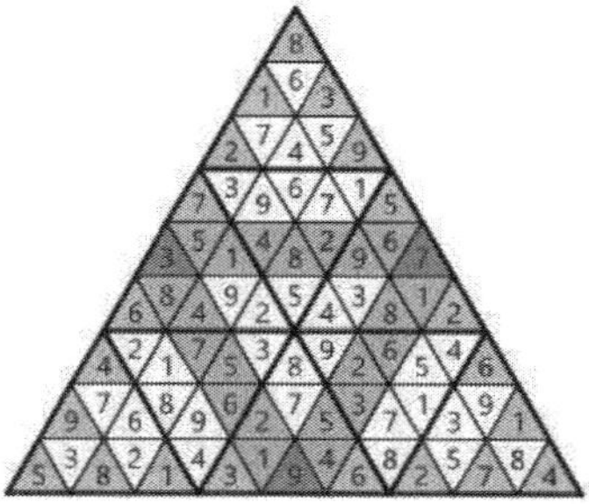

#18

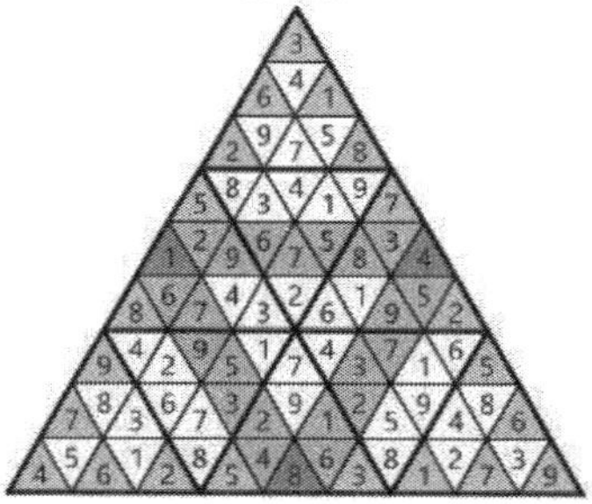

#19

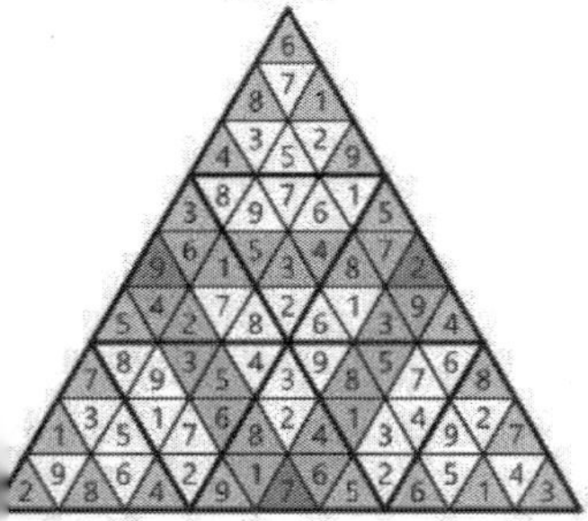

#20

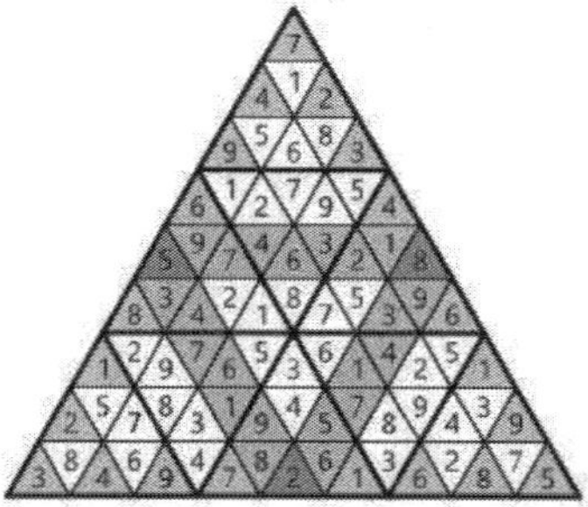

#21

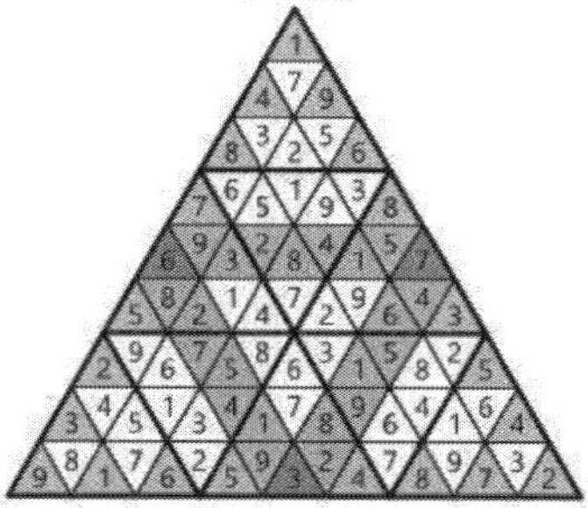

#22

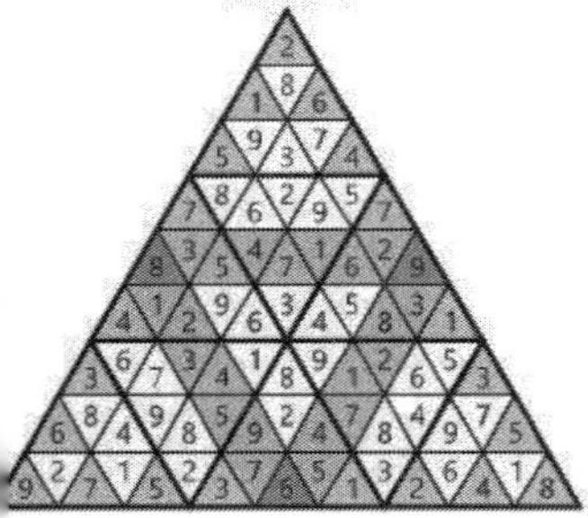

#23

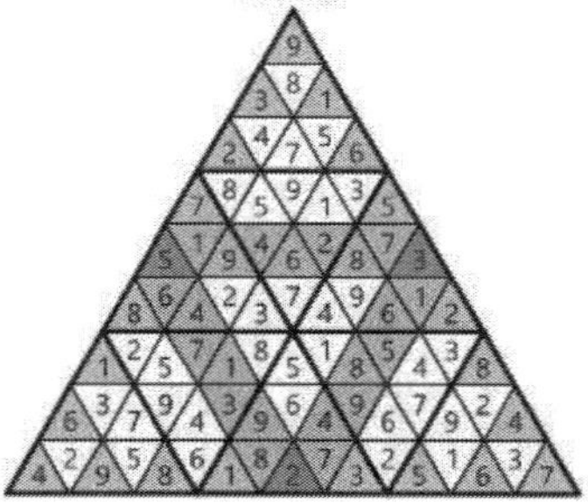

#24

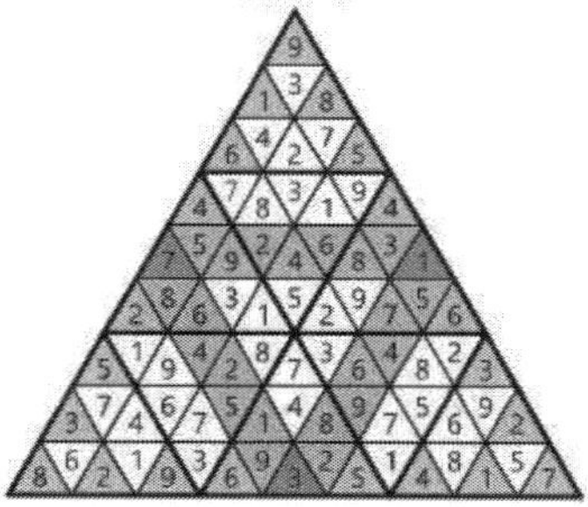

#25

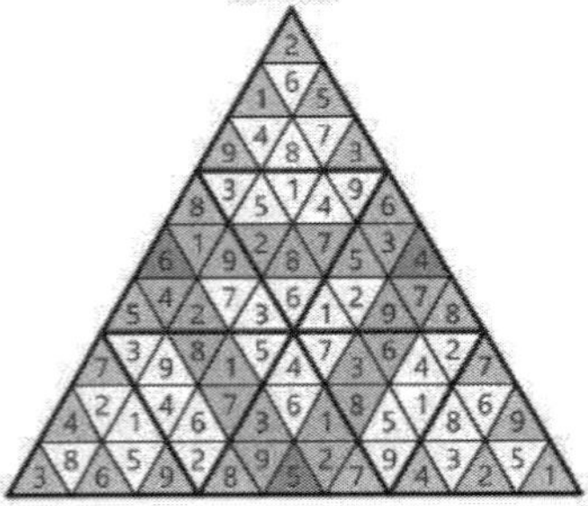

#26

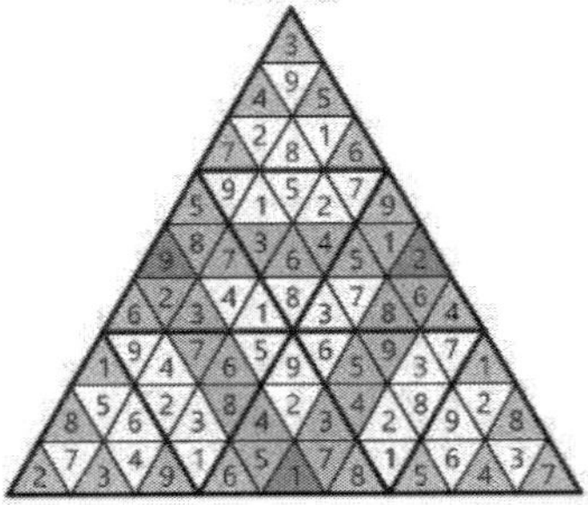

#27

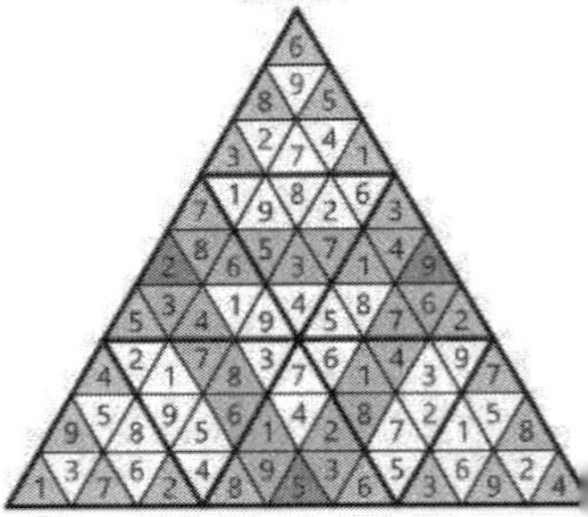

#28

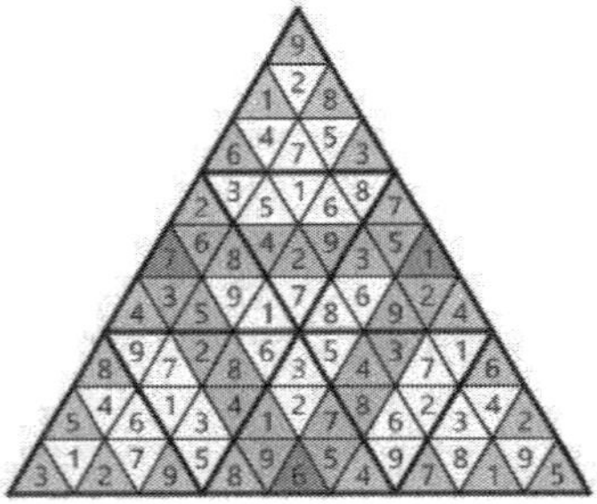

#29

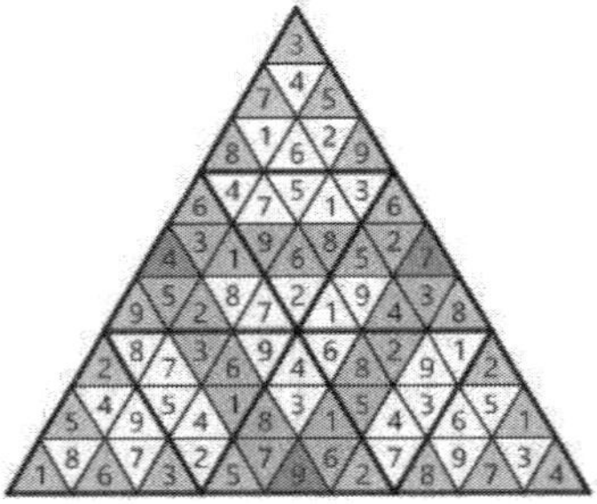

#30

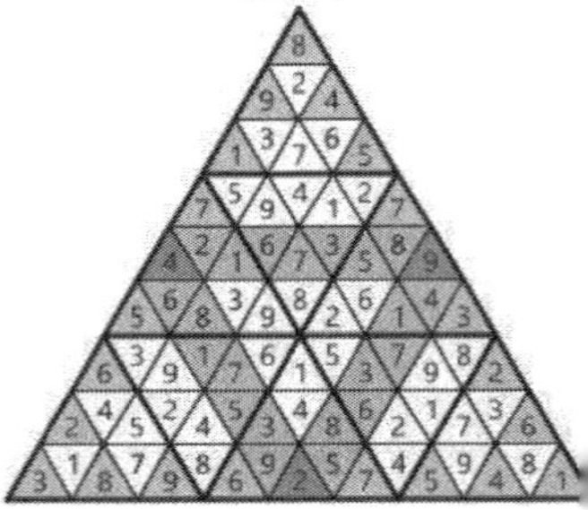

#31

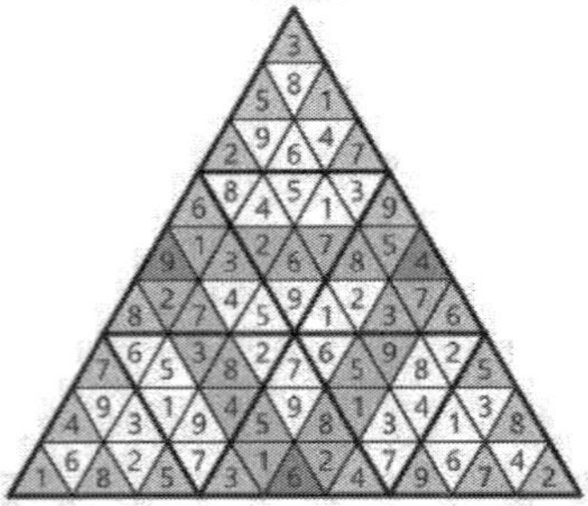

#32

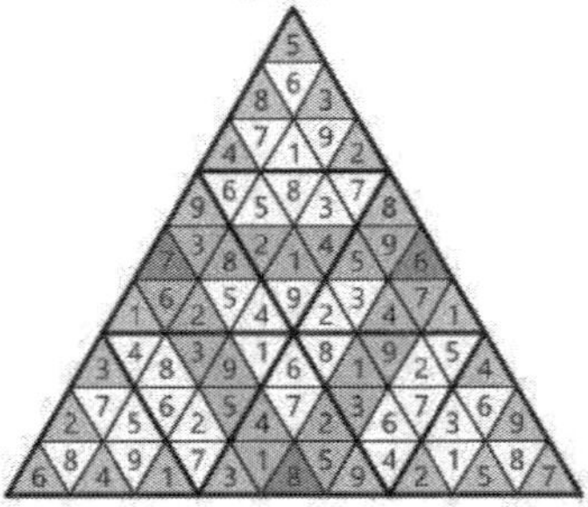

#33

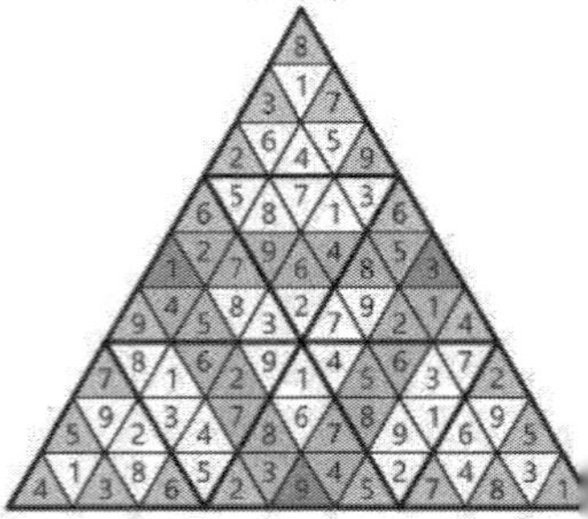

#34

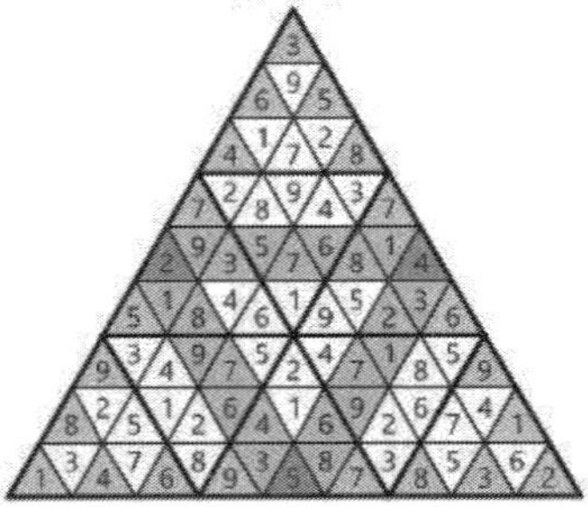

#35

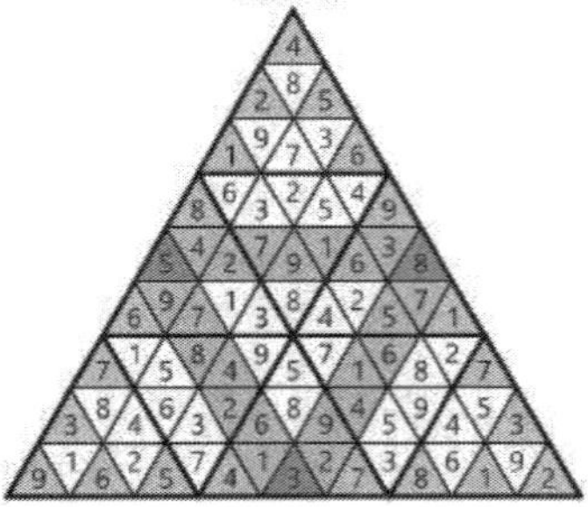

#36

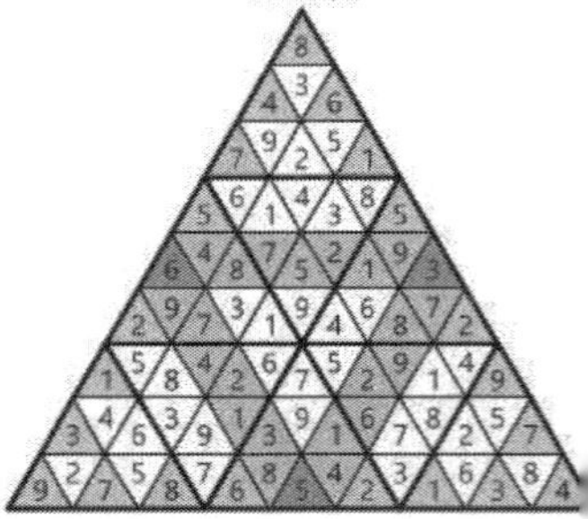

#37

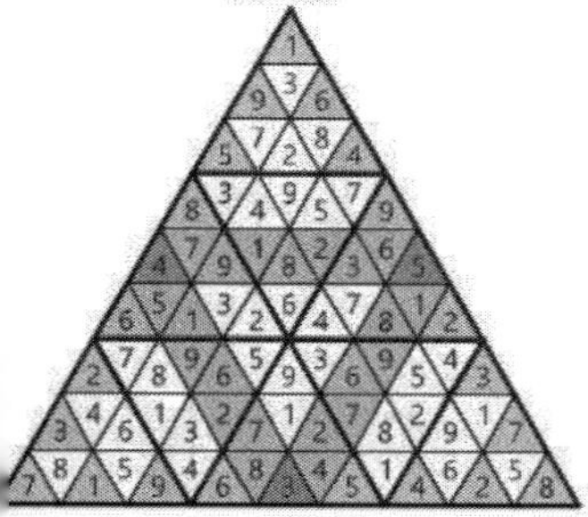

#38

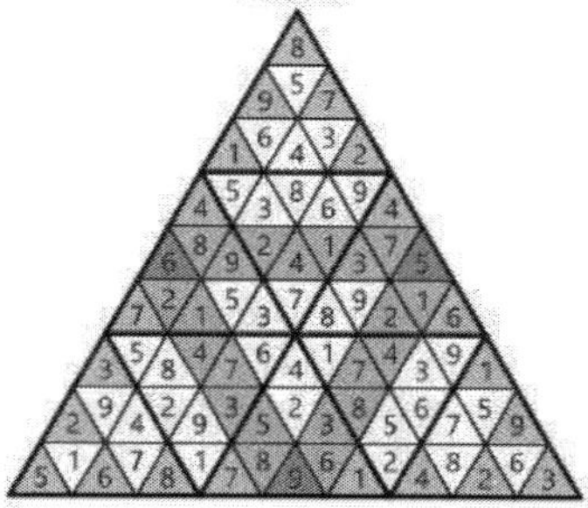

#39

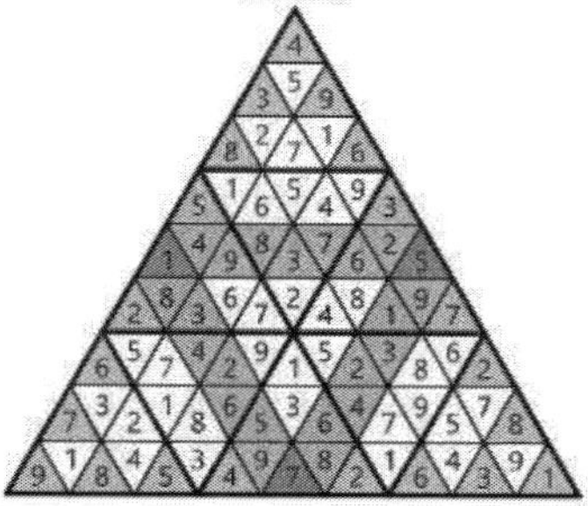

#40

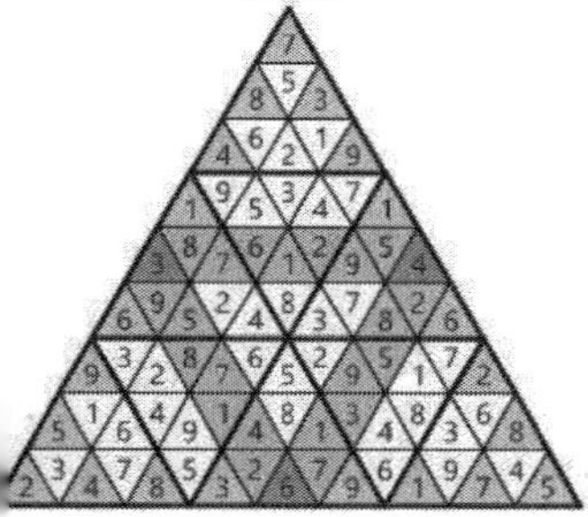

#41

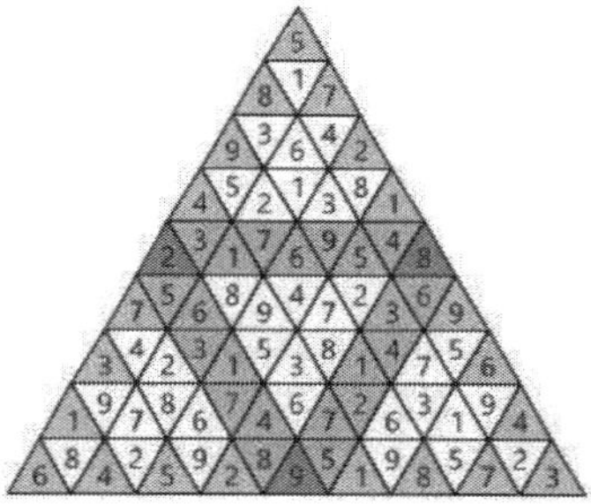

#42

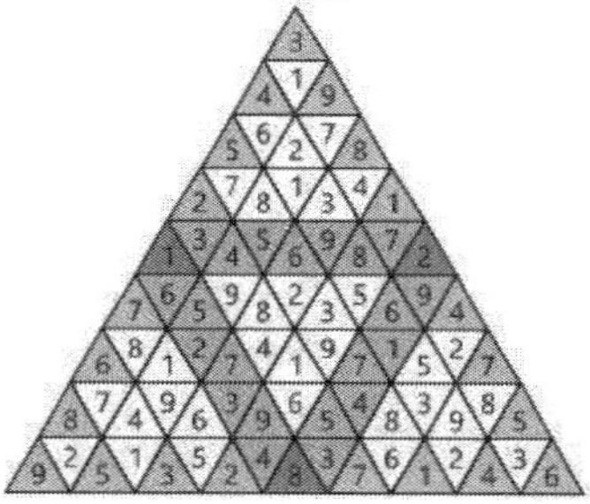

#43

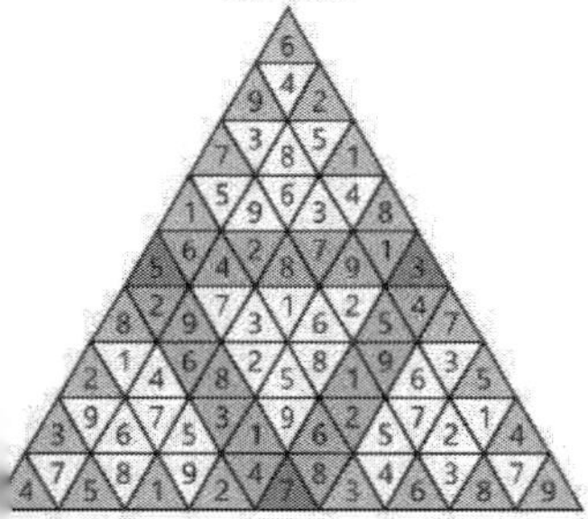

#44

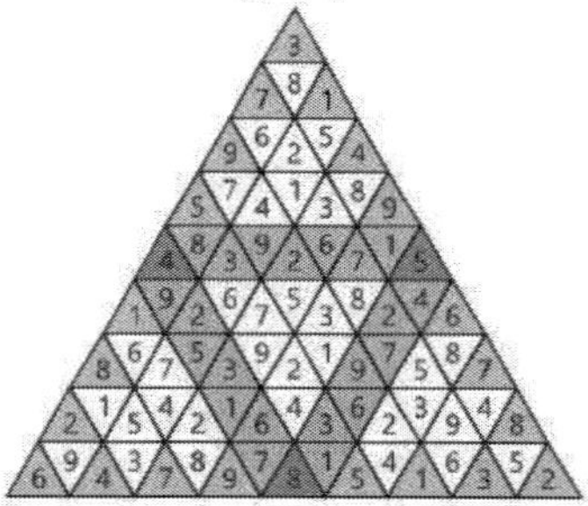

#45

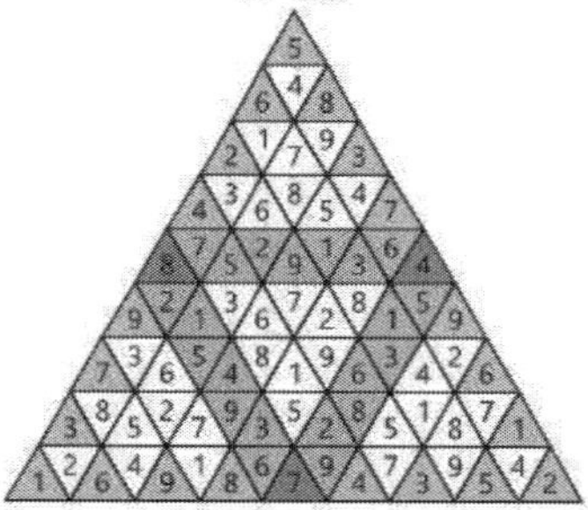

#46

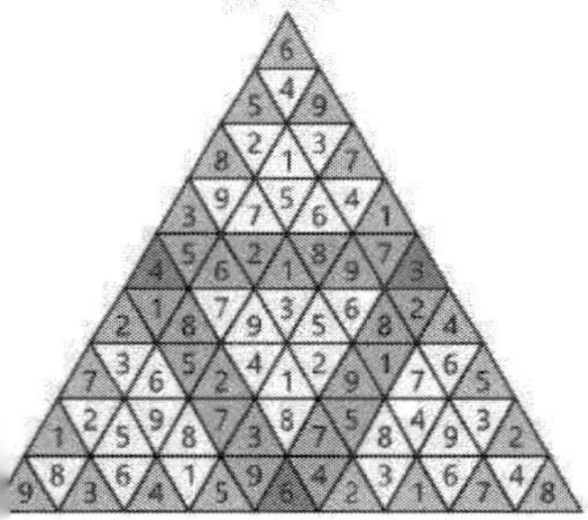

#47

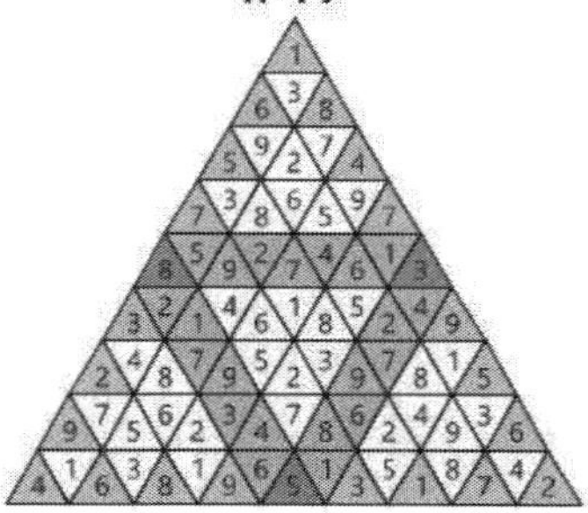

#48

#49

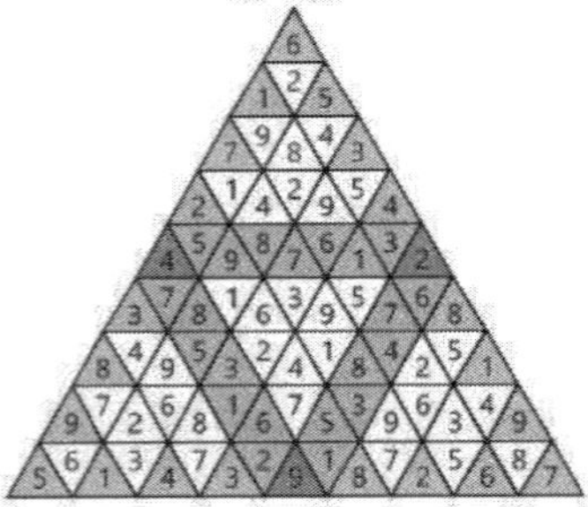

#50

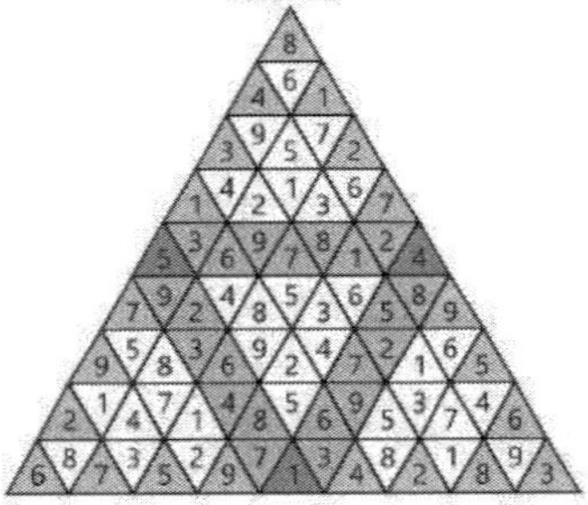

#51

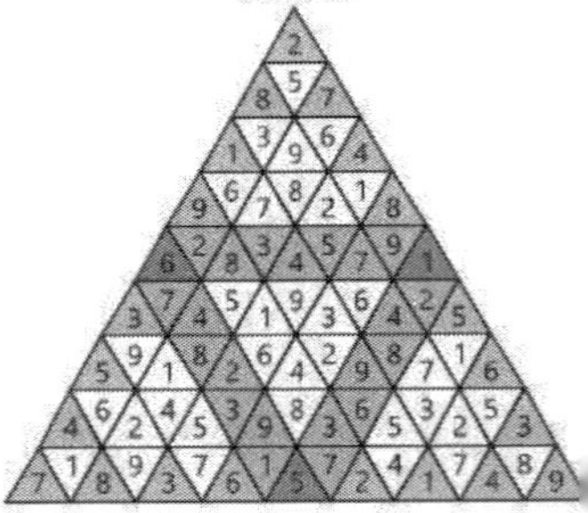

#52

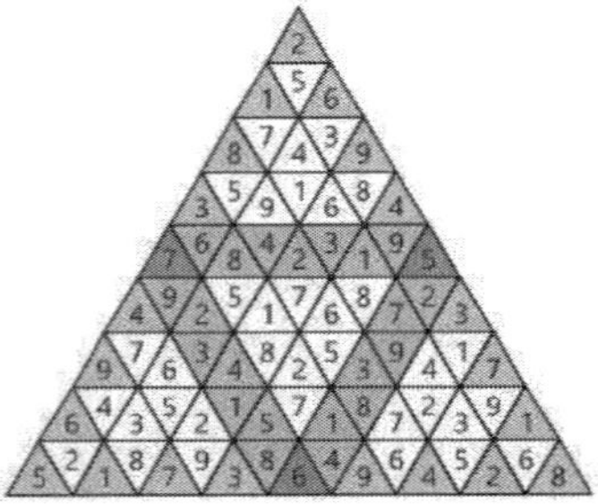

#53

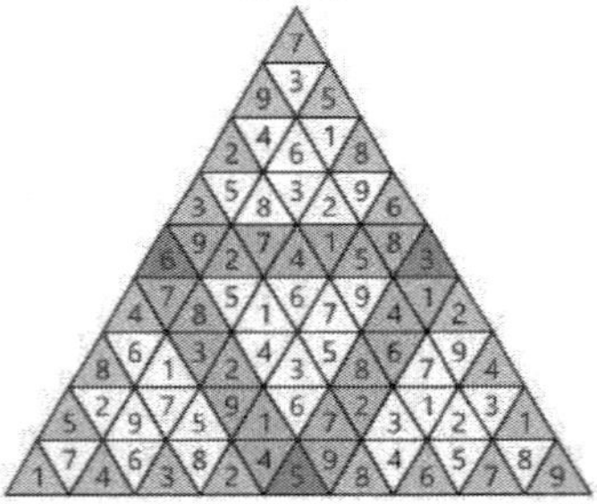

#54

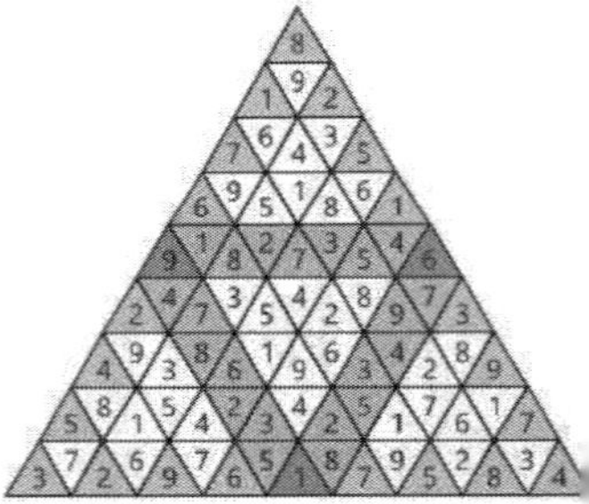

#55

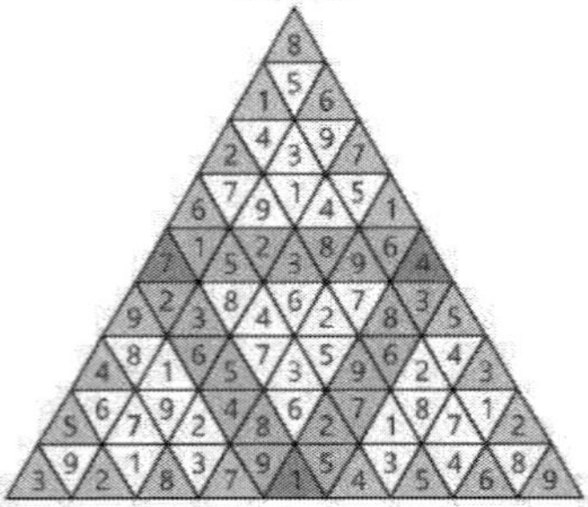

#56

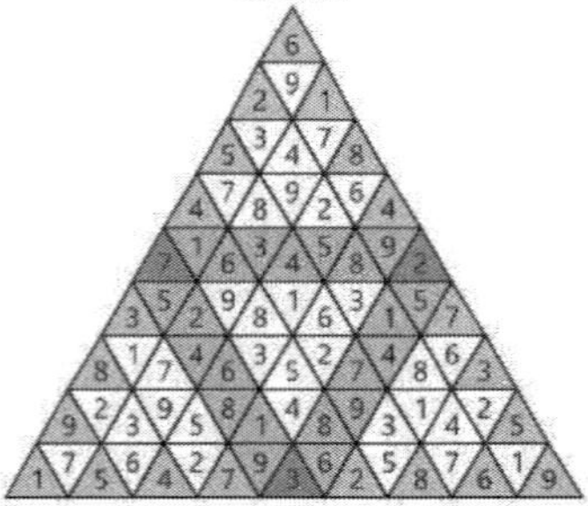

#57

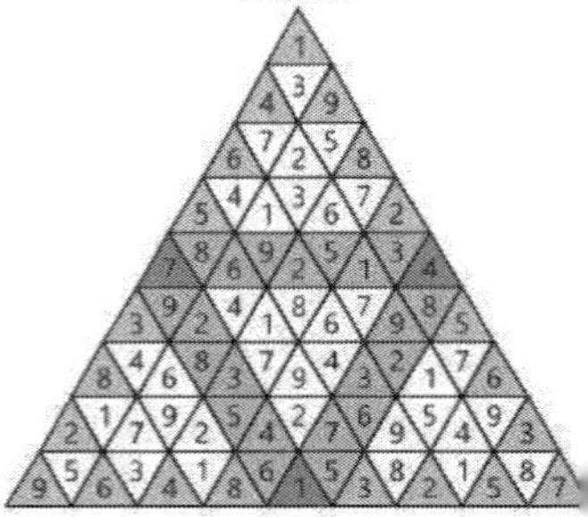

#58

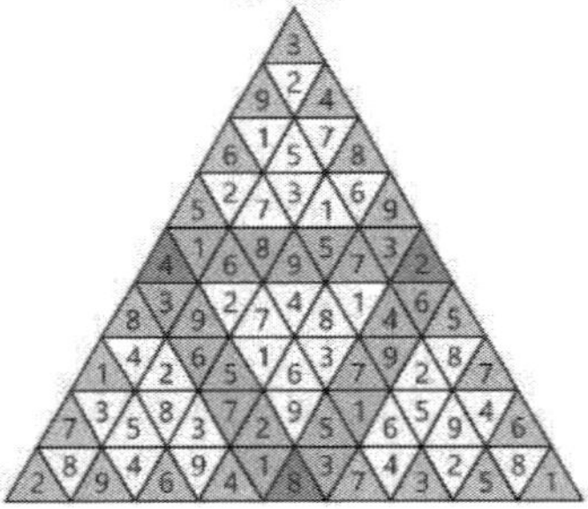

#59

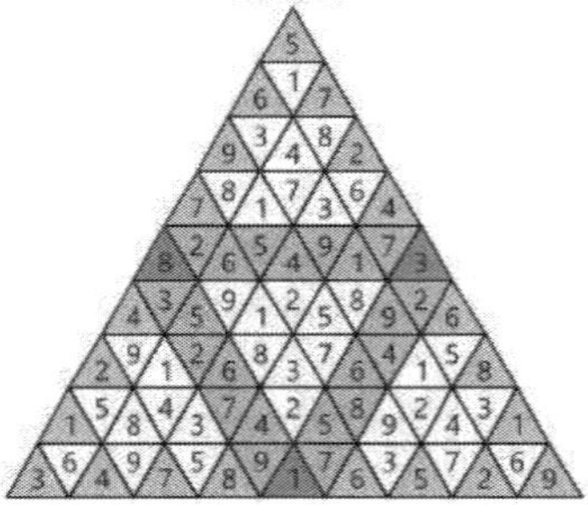

#60

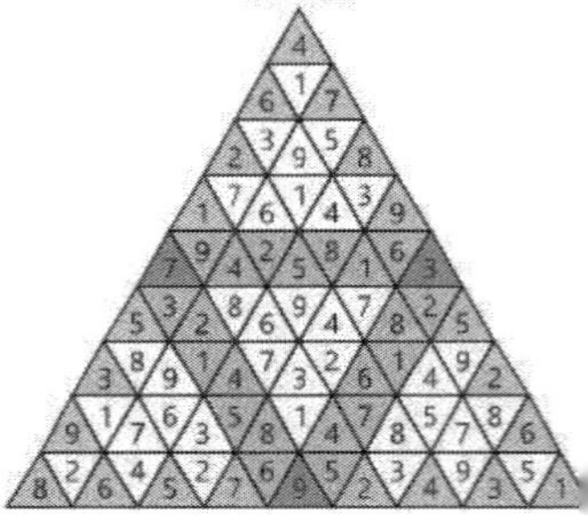

#61

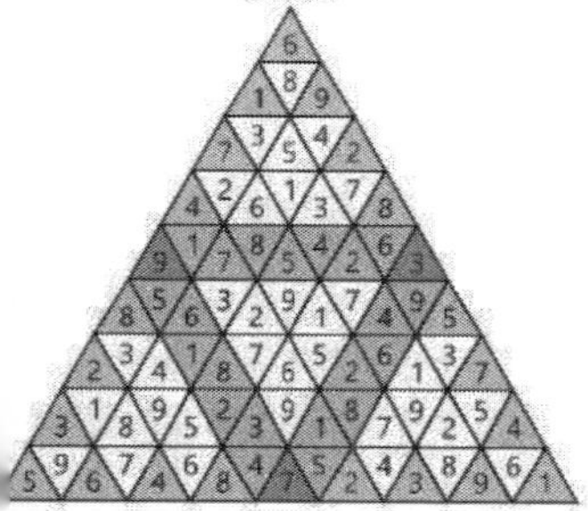

#62

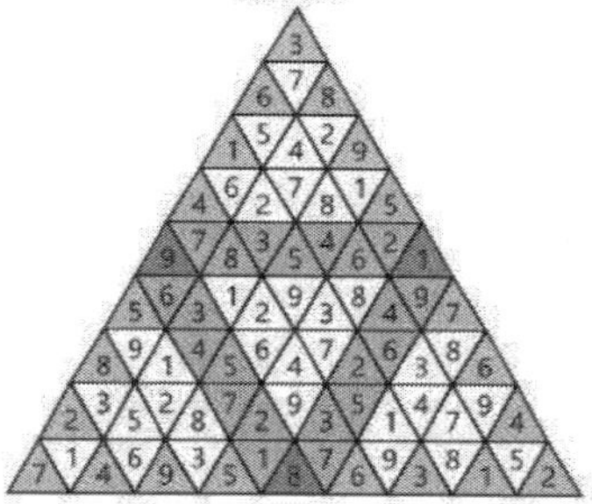

#63

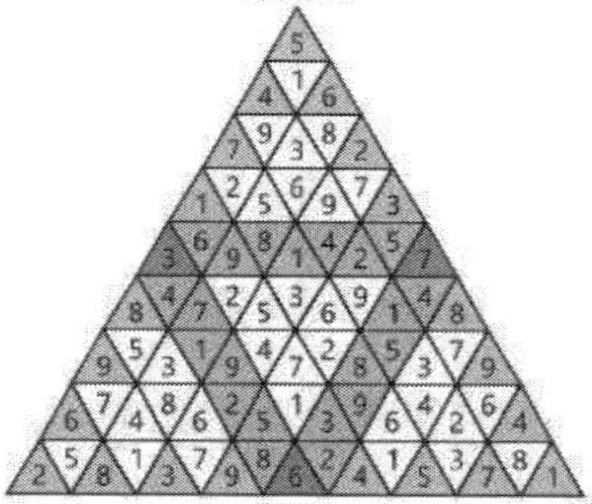

#64

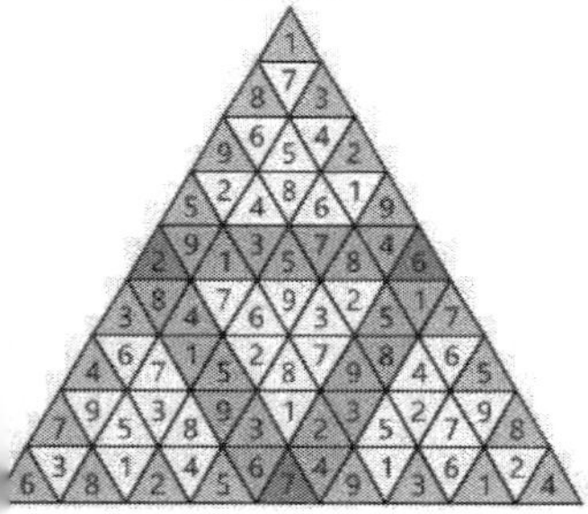

#65

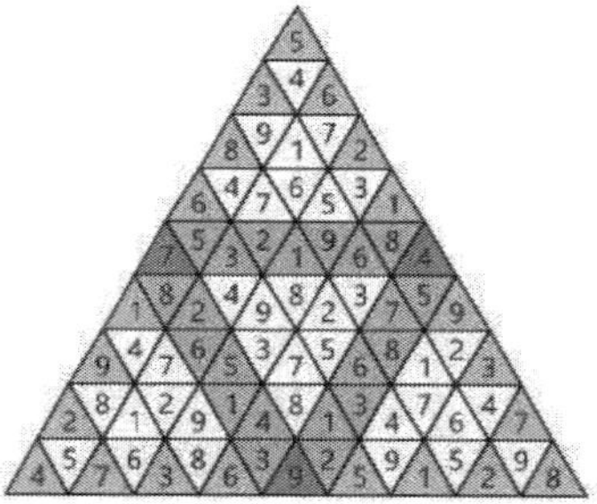

#66

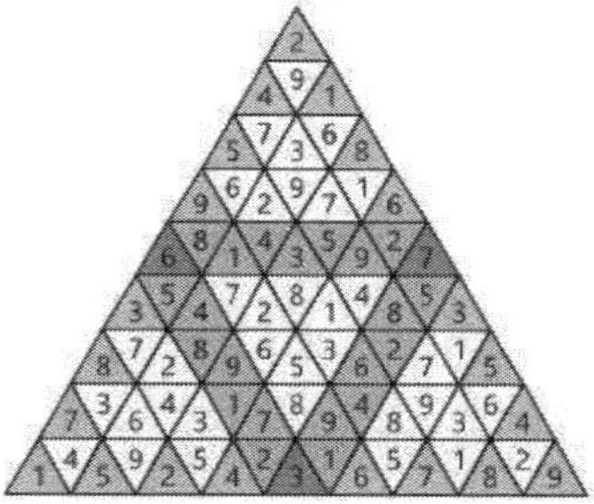

#67

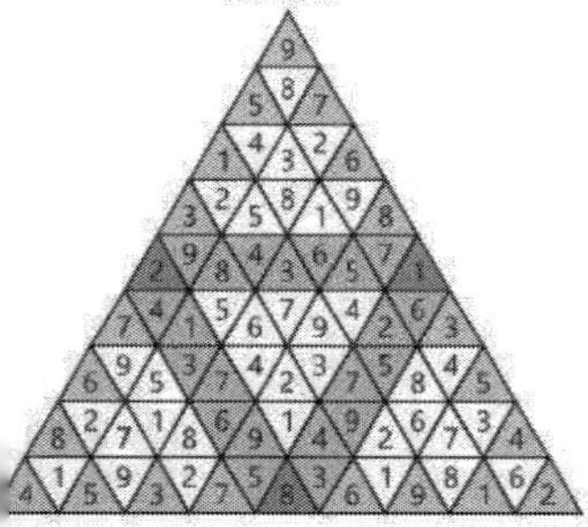

#68

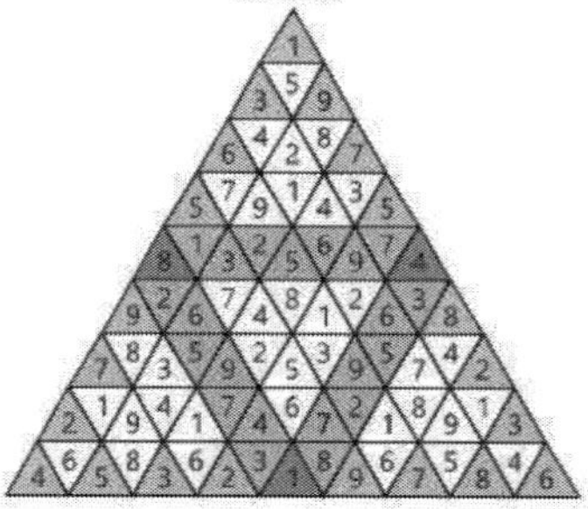

#69

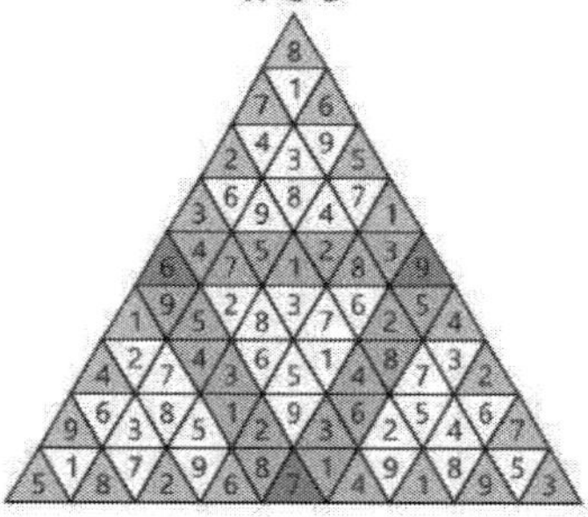

#70

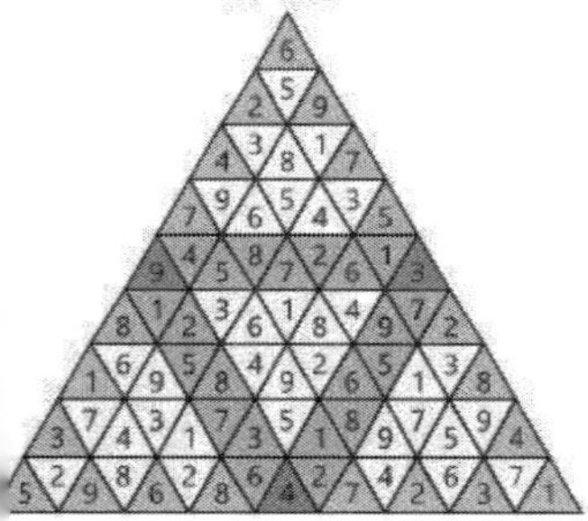

#71

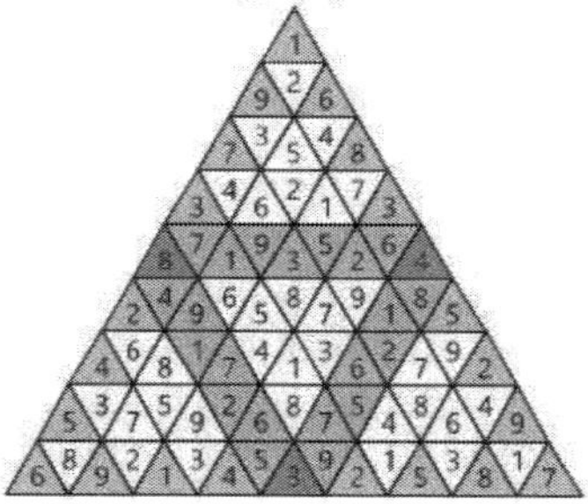

#72

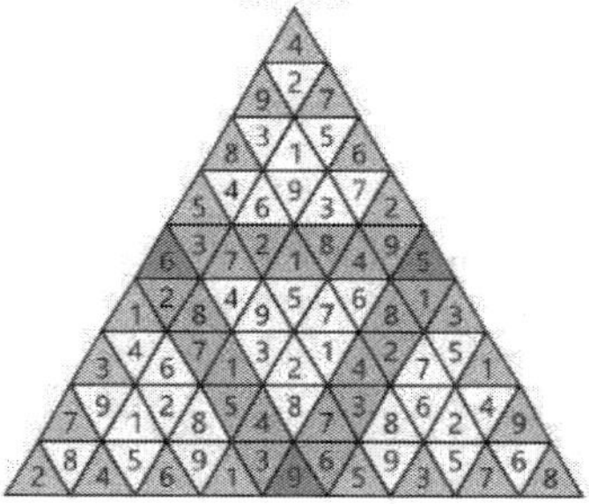

#73

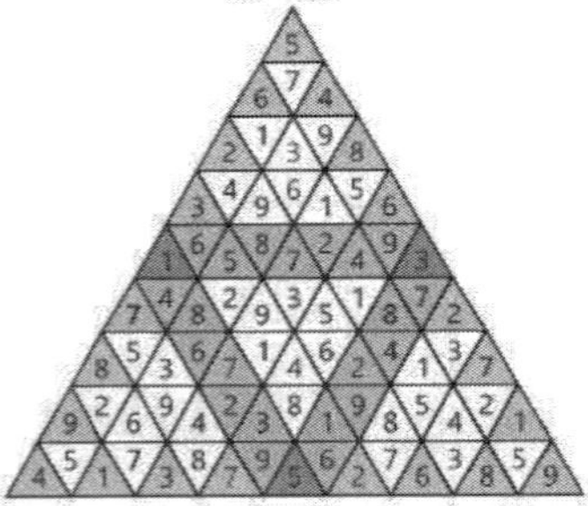

#74

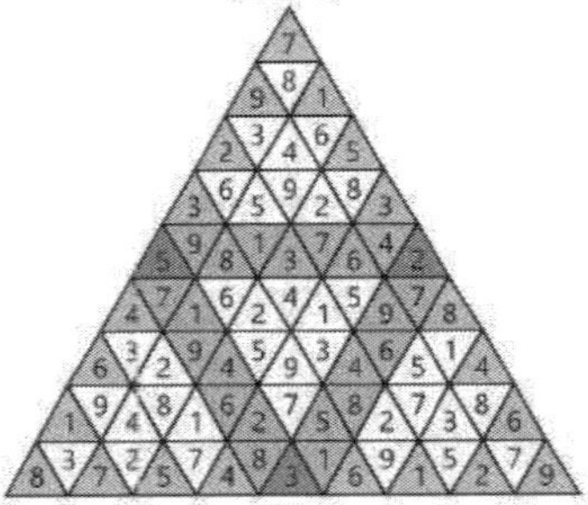

#75

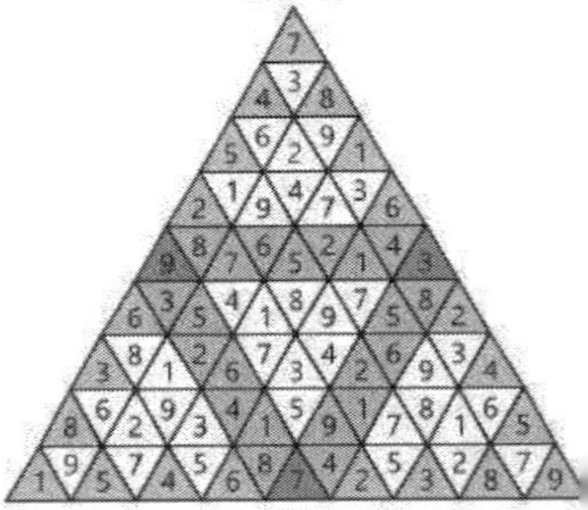

#76

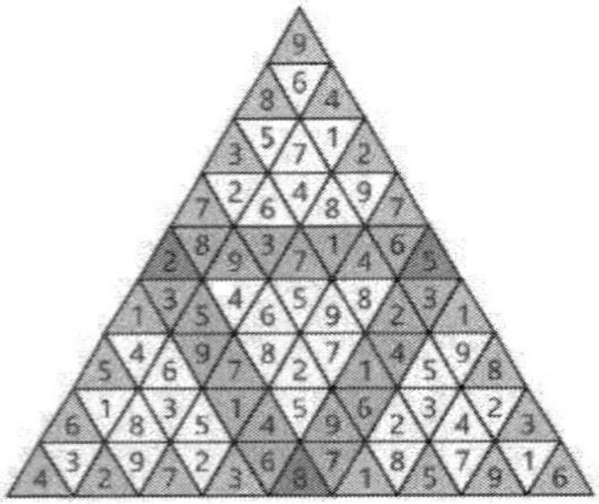

#77

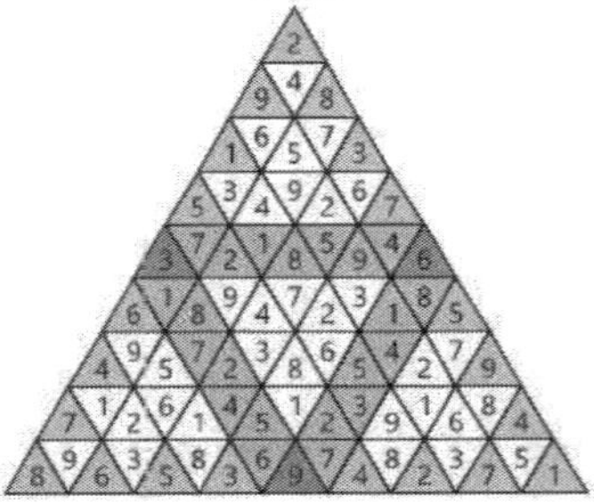

#78

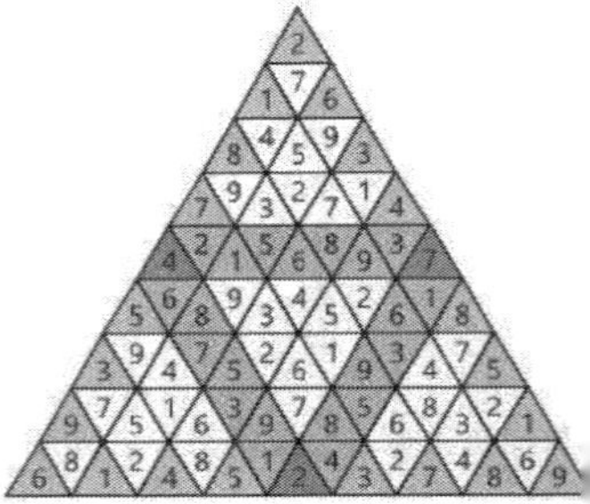

#79

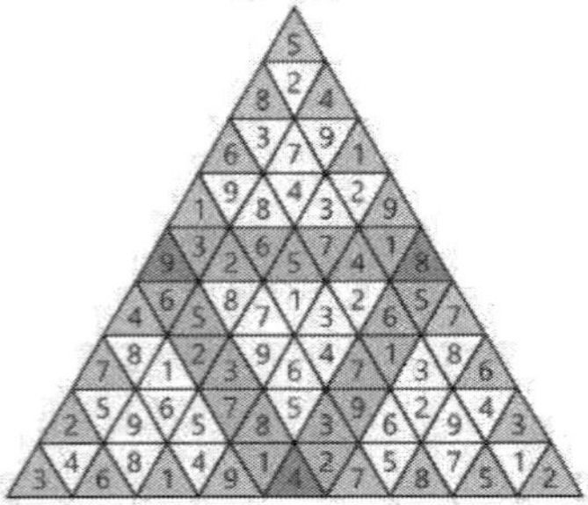

#80

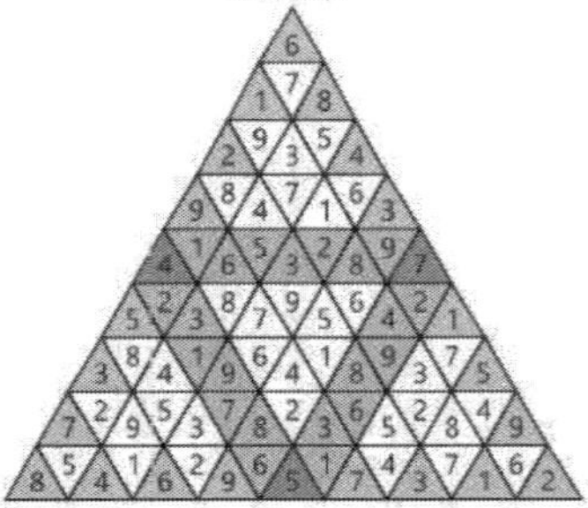

#81

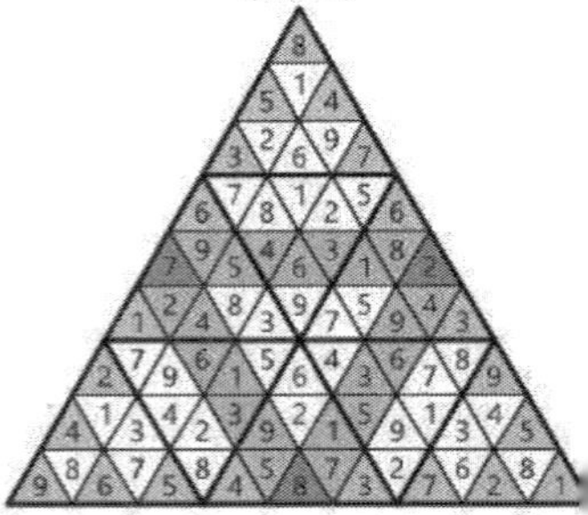

#82

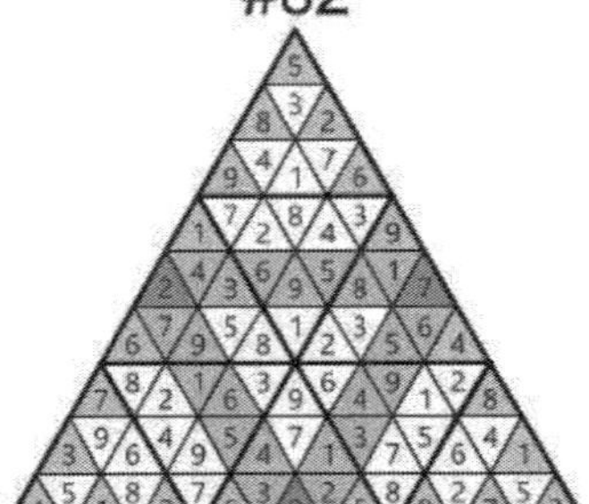

#83

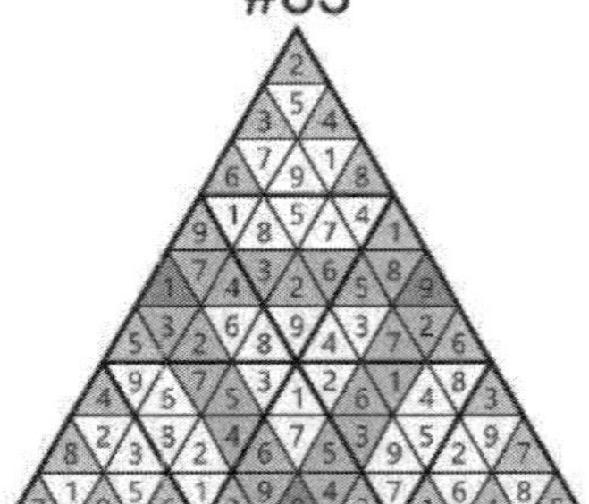

#84

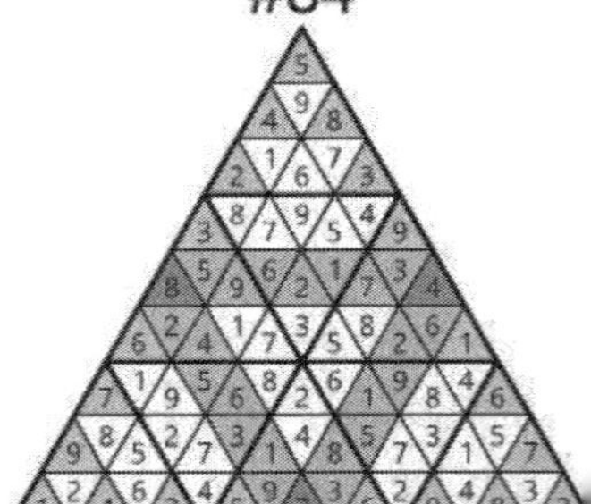

#85

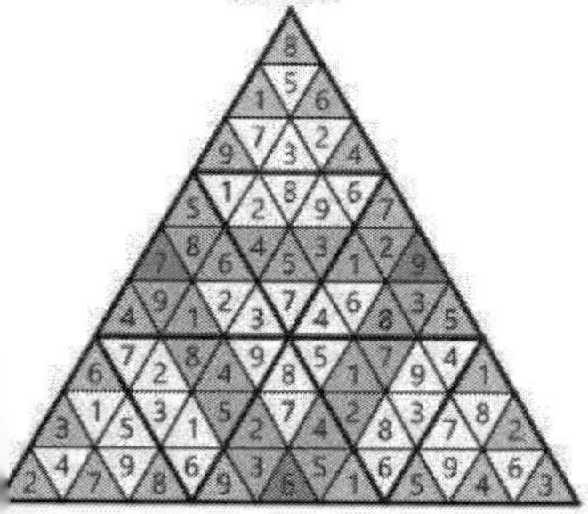

#86

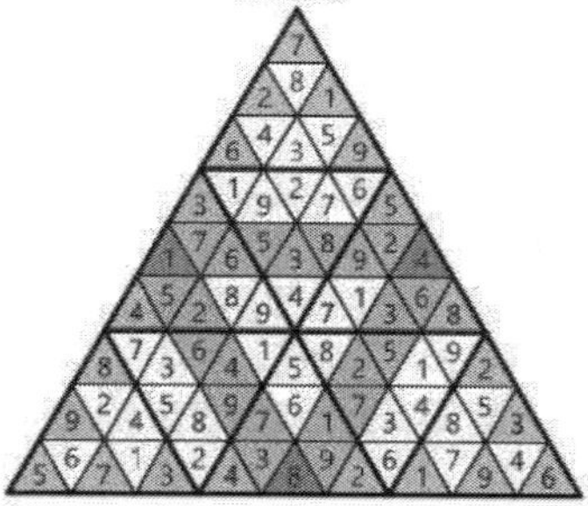

#87

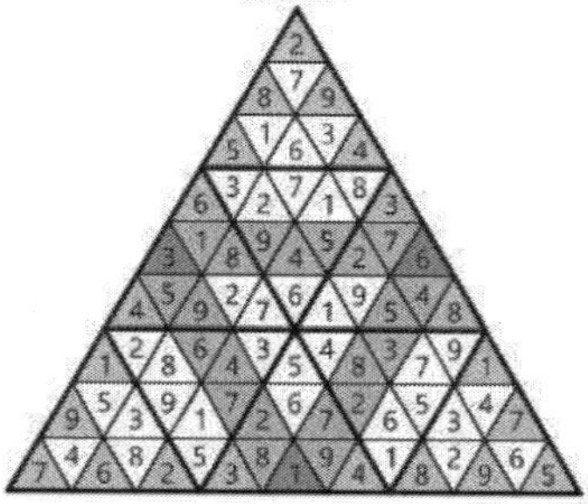

#88

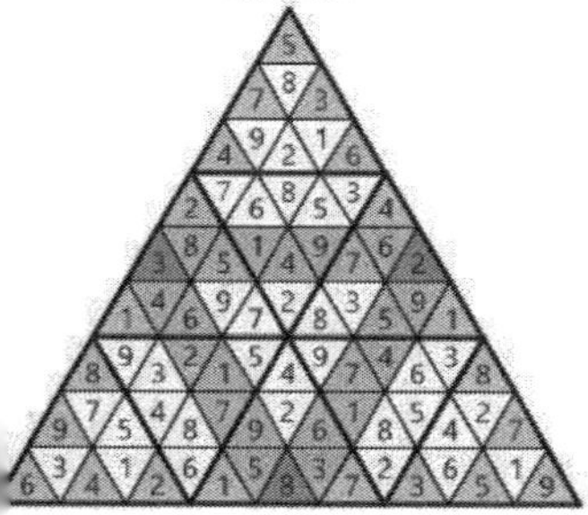

#89

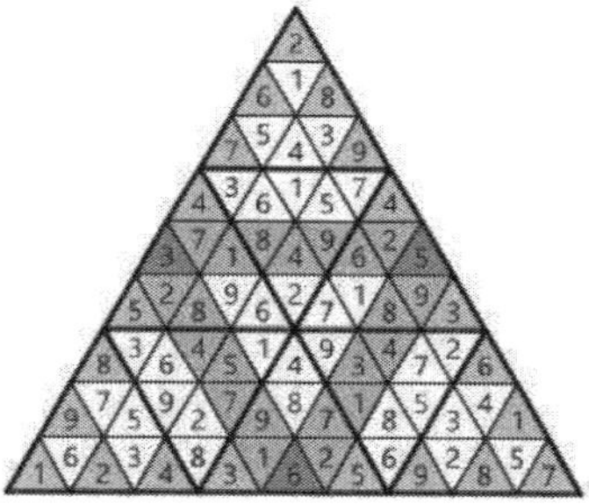

#90

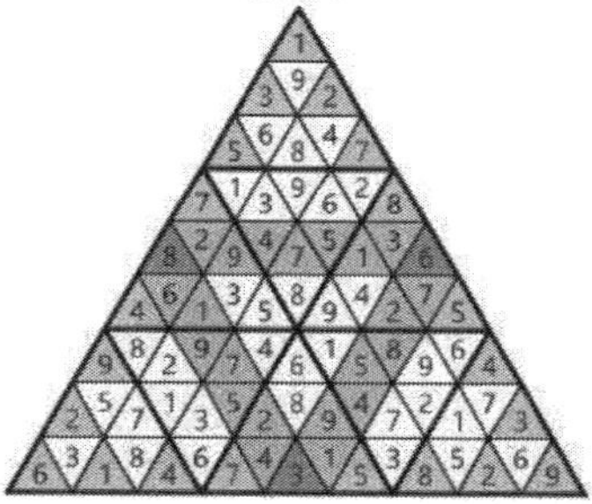

#91

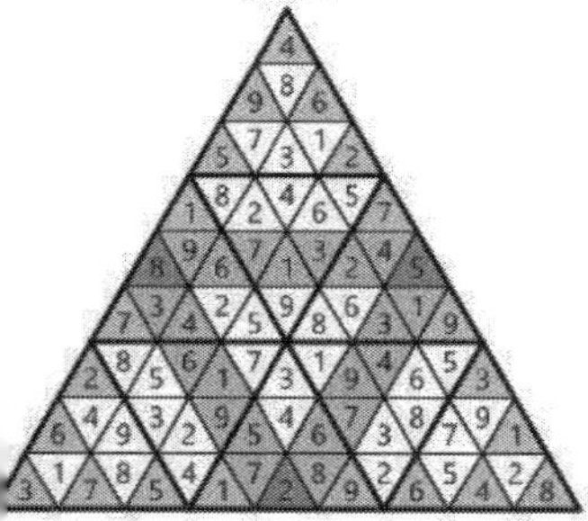

#92

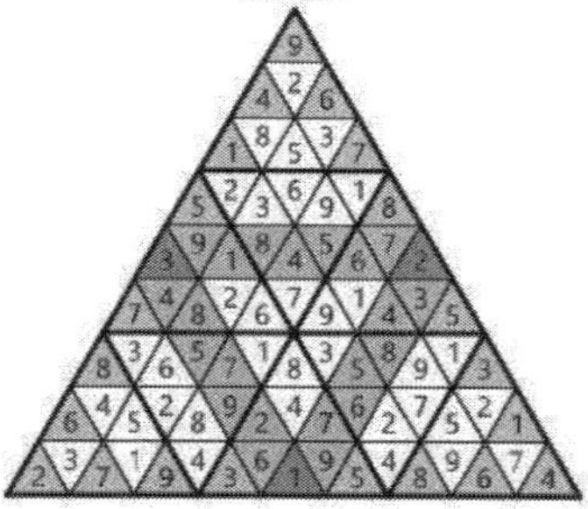

#93

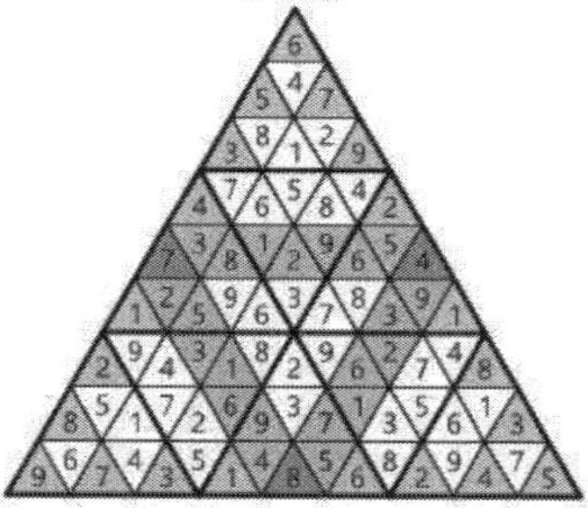

#94

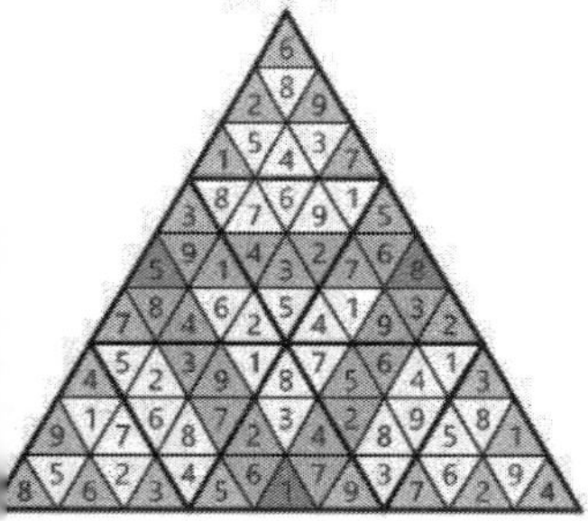

#95

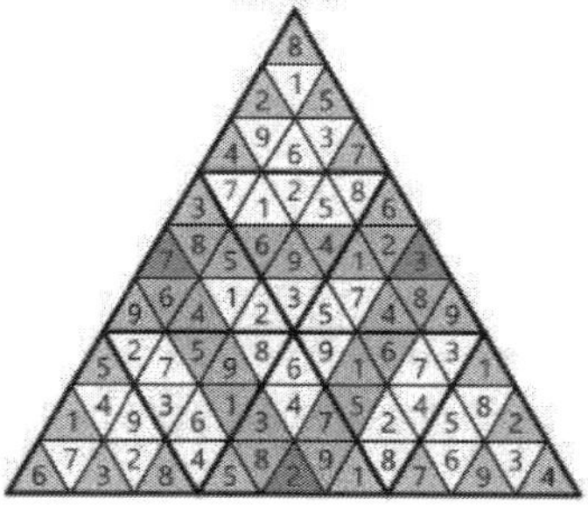

#96

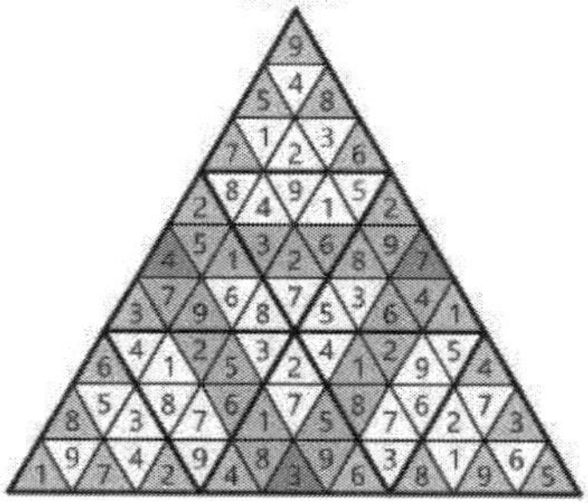

#97

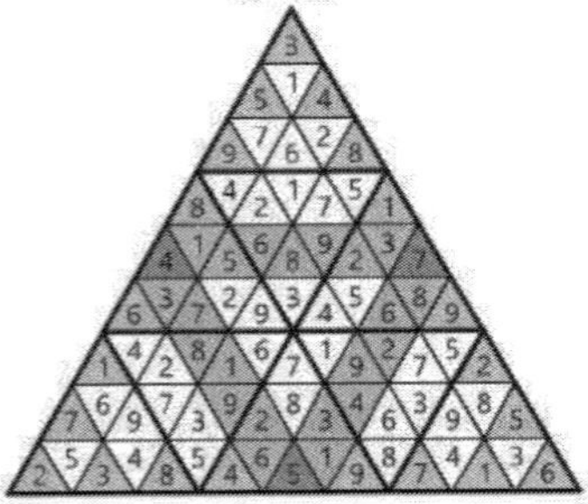

#98

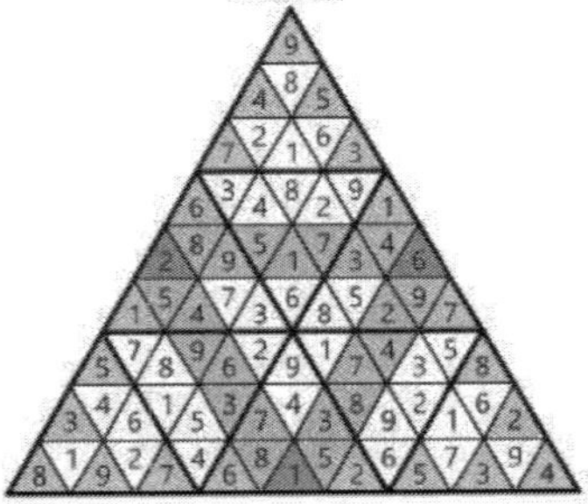

#99

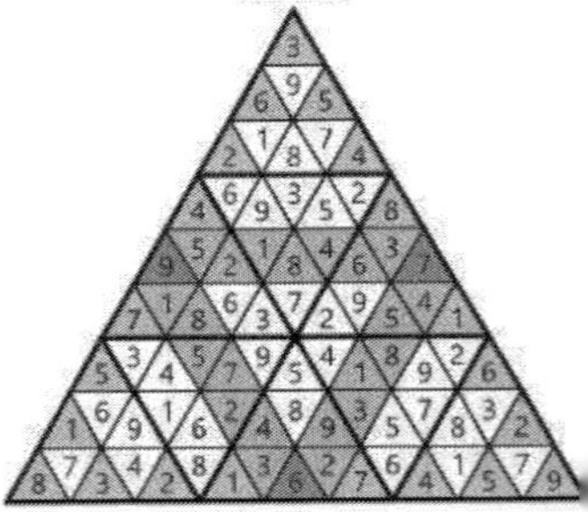

#100

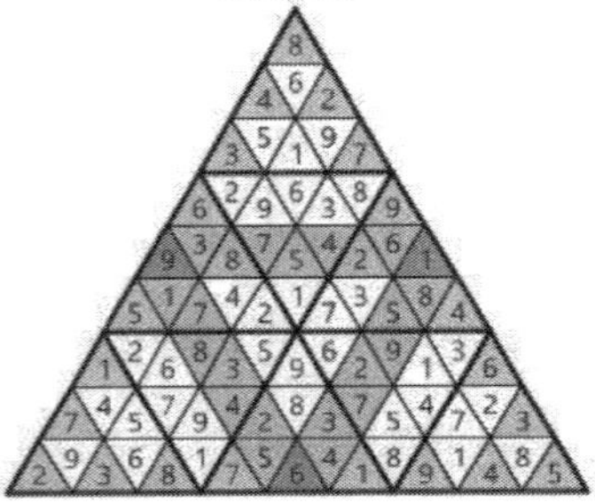